体験する 調べる 考える

領域 人間関係

田宮 縁
Yukari Tamiya

JN171946

萌文書林
HOUBUNSHORIN

はじめに

大人の体験と子どもの遊び

　夏休みのある日のことです。

　私はPTA活動について担当の先生に相談したいことがあり、娘の中学校へ行きました。担当の先生は保護者や地域の人、数人と一緒に廊下の壁のペンキ塗りをしていらっしゃいました。この学校にはPTA活動とは別に「学校ボランティア」という組織があり、必要に応じて活動しているということです。おもしろそうだったので、私もペンキ塗りに飛び入り参加させていただくことにしました。

　みなさん初めてお会いする方たちで、私からもとくに名乗りませんでしたが、塗るコツを教えていただいたり塗る場所を確認し合ったりしながら、ペンキ屋さんになった気分で3時間弱が過ぎました。予定していた壁すべてを塗り終え、道具を洗う人たちは、汗を拭いながら満足そうな顔をしていました。言葉はなくても、その人たちが何を感じ、何を思っているのか私にはわかりました。太陽の光が白く塗られた壁に反射して明るくなった廊下に、夏休み明けに登校してくる生徒の驚く姿を想像していたのだと思います。私は何とも言えない爽快な気分になりました。この充実感は、活動を通して、その場にいた人と同じ気持ちになり、つながることができたからこそ得られたのだと思います。

　ふと、執筆中の本書とこのボランティア活動が重なり合いました。領域「人間関係」の「内容」の一つに「(8) 友達と楽しく活動する中で、共通の目的を見いだし、工夫したり、協力したりなどする。」という項目があります。私が体験したことは、子どもたちが遊びのなかで体験している心情と同じなのではないだろうかと思ったのです。心理的機能面から考えてみると、遊びは自由で自発的な活動で、おもしろさや楽しさを追求するものです。また、遊ぶこと自体が目的でもあります。そう考えると、ボランティア活動の心理的機能は、遊びと共通しているのではないでしょうか。

見えないものをどう学ぶか

　本書は、体験する・調べる・考えるシリーズの第2弾です。

　第1弾『体験する・調べる・考える　領域「環境」』では、学生のみなさんがテキストを通して実際に体験したり、考えて話し合ったりすることで感性に磨きをかけ、保育者としての実践力を培っていくことを主眼としておりました。もの、自然、施設などの素材があり、領域「環境」のねらいと内容と結びつけながら素材自体や遊びを研究し、教材化するプロセスを学んでいただきました。

　一方、領域「人間関係」を扱った本書は、実際に「目には見えない」「手には取れない」ものが対象となります。したがってエクササイズの趣も第1弾とは違ってきます。なぜなら、人とのかかわりに関して子どもたちが体験的に学んでいることは、冒頭のボランティア活動のように、みなさん自身が日常的に体験しているからです。授業内で行うロールプレイよりリアルな学びを日常生活のなかで行っているのです。

　では、なぜみなさん自身の体験が大切なのでしょうか。それは、子どもたちの世界は私たち大人の世界の縮図でもあるからです。本書でも引用しましたが、ロバート・フルガムのエッセイ『新・人生に必要な知恵はすべて幼稚園の砂場で学んだ』（本書p.32）にあるとおりです。また、私たち大人が友達の雑談のなかに入っていくときの方略と、子どもがすでに遊んでいる集団に「仲間入り」する場面での方略とは共通性があるのではないか（p.48）と思います。

　つまり、大人が体験していることは、子どもの体験していることに置き換えて考えることができるのです。その逆も然り。ですから、みなさん自身が体験していること、経験してきたことを手がかりにすることで、見えないものを「みる」ことが可能となってくるのではないでしょうか。

本書の構成

　本書は、みなさんの日常生活での「人間関係」にかかわる体験と、領域「人間関係」の「ねらい」と「内容」、子どもが人とかかわる実際の姿とを結びつけるインターフェースとなることをコンセプトに執筆しました。

　本書の構成を紹介します。

ホップ

Lecture 1　「なぜ、人とかかわることが大切なのか」という問いから本書はスタートします。「TST」などのエクササイズに取り組みながら、まずは自己理解を深めていきます。

Lecture 2　みなさんの子どものころの対人関係図をもとに、なぜ、一人の子どもをとらえようとするとき、その子を取り巻く人的環境、また社会や文化といった背景を考慮することが必要なのかを解説します。

ステップ

Lecture 3　領域「人間関係」の「ねらい」と「内容」、「内容の取扱い」の構造を示すとともに、エッセイを引用しながら領域「人間関係」がめざすものは何かを考えていきます。

Lecture 4　領域「人間関係」の「内容の取扱い」と対応させながら、社会学、発達心理学などの理論をベースに必要な基礎知識を身につけていきます。イメージを膨らませやすいよう、理論に対応した絵本も引用しています。実際の絵本も併せて読んでいただけるとさらに理解しやすいと思います。

Lecture 5〜9　0・1・2歳児、3歳児、4歳児、5歳児、特別な支援を必要とする子ども。それぞれの発達段階の特徴的な一事例をもとに、対象児の人とのかかわりがどのように育っていくかを時系列でみていきます。関心のあるテーマや発達段階から小説を読むような感覚で読んでみてください。

Lecture ⑩〜⑪ 　子どもは周囲の大人同士のかかわり方をみて学んでいきます。ここでは、保育者として周囲の大人とどのようにかかわったらよいのか、保護者とのかかわり、保育者同士のかかわりについて、事例やエクササイズを通して学びます。

ジャンプ

Lecture ⑫ 　子どもたちのかかわりの育ちをどのようにみたらよいのか。見えないものを「みる」ために、私たちに必要なことは何なのか。エクササイズや誰もが知っている小説をもとに一緒に考えてみましょう。

Lecture ⑬ 　4ページの短い章ですが、本書を貫く思想を述べました。ここで紹介した文献は、ぜひとも読んでいただきたいと思います。保育者として人として、何を大切に生きてゆけばよいのか、永遠のテーマを投げかけています。

　全編を通して、絵本や小説、エッセイを随所に引用し、授業のライブ感を重視した語り口調で書きました。また、イラストや図を用いて、本文の意図が伝わりやすいように編集してあります。みなさん自身の人とのかかわりや生き方と結びつけながら、楽しくエクササイズを体験し、読み進めていただけるとうれしいです。

　本書がみなさんの豊かな感性を刺激し、領域「人間関係」が身近に感じられる一冊となることを願っています。

目次
Contents

はじめに ……… 2

Lecture 1 自己理解と自己概念 ——————— 10
「自分を知る」ところからはじめよう

なぜ、人とかかわることが大切なのか ……… 10

自己の存在を確かにする他者 ……… 13

体験する・調べる・考える　Who am I ?（私は誰ですか）……… 15

自分を知ることからはじまる ……… 17

体験する・調べる・考える　今の自分をとらえる ……… 17

Lecture 2 社会・文化に生きる子ども ——————— 20
生態学的環境として関係をとらえる

誕生と同時にはじまる新たな関係 ……… 20

体験する・調べる・考える　対人関係図を書いてみよう ……… 20

「生態学的モデル」を通して人間関係を考える ……… 24

「システム」という見方 ……… 26

Lecture 3 領域「人間関係」がめざすもの ——————— 28

幼稚園教育要領・保育所保育指針の基本 ……… 28

幼稚園・保育所は大人社会の縮図 ……… 31

体験する・調べる・考える　砂場で学ぶことは？ ……… 31

領域「人間関係」は何をめざしているのだろう ……… 33

Lecture 4 領域「人間関係」の基礎知識 ——————— 34

領域「人間関係」の「ねらい」 ……… 34

乳幼児期の発達課題 ……… 34

乳幼児期の愛着の形成 ……… 38

人のなかで育つ自我 ……… 43

社会性の発達と遊び ……… 47

道徳的態度の育ち ……… 51

園だより「すくすく5月」から ……… 56

Lecture 5　0・1・2歳児
0・1・2歳児の保育所における人とのかかわり —58

　　保護者と園をつなぐ連絡ノート ……… 58
　　アタッチメント（愛着）の形成 ……… 59
　　保育者が安全の基地 ……… 60
　　子どもたちとの出会い ……… 62
　　モデルとしての保育者 ……… 64
　　しつけのはじまり ……… 65

Lecture 6　3歳児
保育者が居場所 ——66
ものを「欲張る」ことにも意味がある

　　気になる——ものを欲張る姿 ……… 66
　　やったね！——初めて気持ちを共有 ……… 69
　　私だけの先生 ……… 70
　　友達とつながる ……… 71
　　こだわりをもって遊ぶ ……… 72
　　保育者の学び ……… 73

Lecture 7　4歳児
自己主張と自己抑制 ——74
幼児期の「なかよし」とは？

　　第Ⅰ期　初めての集団生活 ……… 76
　　第Ⅱ期　けんかを通してきずなを深める ……… 78
　　第Ⅲ期　仲間のネットワークが崩れる ……… 80
　　第Ⅳ期　お互いを認め合う関係に ……… 82
　　ソシオグラム（sociogram）について ……… 85

Lecture 8　5歳児
園生活の充実感を支えるもの ───── 86

 充実感の内実 ……… 86
 4月、年長になる ……… 87
 保育者とつながる ……… 88
 他者の思いに気づく ……… 89
 問題状況を解決しようとする姿 ……… 90
 自分の力で行動する ……… 91
 夢中になる遊び ……… 92
 自分を理解してくれる友達 ……… 93
 共通の目的をもつ ……… 94
 「自転車に乗れた!」 ……… 94

Lecture 9
かけがえのない一人一人の存在 ───── 96

 個の育ちと共同性の育ち ……… 96
 年長になるまでのK男の育ち ……… 97
 「ワクワクした」──苗の買い物から収穫まで ……… 98
 「お友達も作りたいって」──紙飛行機からピタゴラスイッチへ ……… 99
 「ごちそうさま」──自分なりのクールダウンの方法 ……… 100
 「ごめんなさい」──友達とのかかわり方 ……… 101
 「忍法、隠れ身の術」──K男の遊びがみんなの遊びに ……… 102
 ありのままを受け入れる ……… 103

Lecture 10
保護者とのかかわり ───── 104
保育者の専門性を生かす

 なぜ、保護者と良好な関係を築くことが大切なのか ……… 104
 信頼はさりげないメッセージから ……… 104
 体験する・調べる・考える　日常生活で発するメッセージ ……… 106
 同じ願いで連携する ……… 107
 肯定的な子どもの表れをフィードバック ……… 108
 園だより「すくすく6月」から ……… 110

Lecture 11 保育者同士のかかわり ———————— 112
保育者の言動から子どもは学ぶ

子どもは保育者の言動を見ている ……… 112

共通理解を図るために ……… 113

体験する・調べる・考える　想像して描いてみよう ……… 113

失敗が帰属意識を高める ……… 116

「つながり」を生む日常の会話 ……… 117

Lecture 12 かかわりの育ちを「みる」———————— 118
自分の感覚を大切に

子どもを「みる」とは ……… 118

見えるものと見えないもの ……… 119

体験する・調べる・考える　ノンバーバルコミュニケーション ……… 119

エピソードによる子ども理解 ……… 121

子どもの育ちの姿を鳥瞰する ……… 122

Lecture 13 親しい人との体験が
生きる原動力になる ———————— 124

つながりによって生きる力を得る ……… 124

親しい人との思い出 ……… 125

うれしい先生 ……… 126

保育者として、一人の人として ……… 127

幼稚園教育要領(抜粋) ……… 128

保育所保育指針(抜粋) ……… 130

引用・参考文献 ……… 132

自己理解と自己概念
―― 「自分を知る」ところからはじめよう

みなさんはこれから領域「人間関係」を学ぼうとしているわけですが、その前に、まずはみなさん自身について振り返ってみましょう。自己を理解し自己概念をもつことは、望ましい人間関係を築くうえでも、また保育者として子どもを理解していく際にも重要なことです。

なぜ、人とかかわることが大切なのか

本書で扱う領域「人間関係」は、「他の人々と親しみ、支え合って生活するために、自立心を育て、人とかかわる力を養う」領域です。では、なぜ人とかかわることが大切なのか、一緒に考えてみましょう。

『幼稚園教育要領解説』（文部科学省, 2018）には、幼児期の生活について次のようなことが述べられています。

幼児期には、幼児は家庭において親しい人間関係を軸にして営まれていた生活からより広い世界に目を向け始め、生活の場、他者との関係、興味や関心などが急激に広がり、依存から自立に向かう。(p.10)

保育所の場合には、上記の「家庭において親しい人間関係」という部分は、保育者が補完していくことになります。しかし、いずれにしても、幼児期の子どもの健やかな発達を促すのにふさわしい「生活の場」「他者との関係」「興味や関心」について、周囲の大人は考えていくことが大切です。

「他者との関係の広がり」については、「同時に自我の形成の過程でもある」と解説では述べられており、さらに、その過程を次のように示しています。

幼児期には、自我が芽生え、自己を表出することが中心の生活から、他者と関わり合う生活を通して、他者の存在を意識し、自己を抑制しようとする気持ちも生まれるようになり、自我の発達の基礎が築かれていく。(p.12)

アメリカで活躍した哲学者であり、心理学者でもあるジョージ・H・ミード（Mead, G. H.）は、**意味のある他者**（significant other）の期待を取り入れることによって自我が形成されると考えました。また、そのことを**役割取得**による自我形成と呼んで説明しています。

この「意味のある他者」とは、母親、父親、きょうだい、祖父母、遊び仲間、クラスメート、先輩、先生などを指します。このような人々（他者）の態度、役割、行為を自己のな

かに取り入れ、再構成していくことで、自我が形成されていくのです。

具体的な例で説明してみましょう。たとえば、子どもの場合、次のような場面を見ることがあります。

> 自分の遊んだおもちゃを母親が片づけています。その姿を見て子どもも片づけはじめました。母親はその姿をうれしそうに見ています。

このように「意味のある他者」の行為を自己のなかに取り入れ、他者の期待を取り入れていくのです。そのうち、その場に合った「態度」や「行動」を取ることができるようになっていきます。

役割取得によって自我がつくられる

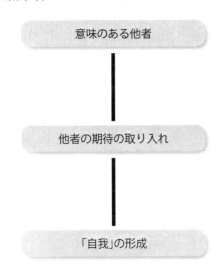

問題的状況を乗り越える

もう少し大人に近づけて考えてみましょう。現代社会では、さまざまな場面で**問題的状況**を抱えている人が多いのではないでしょうか。

問題的状況は人によって違いますが、他者とのコミュニケーションを通して克服していくことが多いように思います。人間のコミュニケーションは、他者との外的なコミュニケーションと自分自身との内的なコミュニケーションの二重のコミュニケーションからなっています。

多くの場合、問題的状況を抱えている自分が他者に話したこと（**外的コミュニケーション**）を自分のなかに取り入れ、自分自身と会話（**内的コミュニケーション**）をすることで問題的状況を乗り越えていきます。

この内的コミュニケーションによって、自己の対象化が図られます。つまり自己を客観的な対象として取り出すということです。ミードは内的コミュニケーションを**内省的思考**と呼び、他者とのかかわりのなかで行われる過程だとしています。

　抽象的な言葉ではわかりにくいので、私自身の差し迫った問題的状況で説明してみます。

　私は今、領域「人間関係」に関するテキストを執筆していますが、なかなか思うように書き進めることができません。これが「問題的状況」です。

　不満足な出来ですが、締め切りが迫ったので原稿を編集者に提出しました。編集者は不明な点について電話で問い合わせてきました。予想どおり、自分でも納得のいかない箇所についての指摘です。私はその箇所で述べたいことを、事例を挙げたり、別の言葉に言いかえたりしながら、編集者に執筆の意図を理解してもらおうと努めて話します。これが「外的コミュニケーション」です。

　実はこのとき、私は編集者に対してだけ話をしているのではないのです。「話をする」というと、他者に向けてだけ話をしていると思われがちですが、同時に同様の内容を自分の耳で聞き取ります。つまり、自己に対しても話しかけているのです。

　他者に向けての言葉は、自己に向けての言葉でもあり、その言葉を自分のなかに取り入れて、再び考えます。これが「内的コミュニケーション」です。そして、内的コミュニケーションの過程で再構成された内容を再び他者に話します。

　編集者に対して自分の考えを述べているうちに、私は何をどのように書けばよいのかイメージがわいてきました。突破口が見えたのです。問題的状況を乗り越えた一つのモデルです。

　現代社会では、問題的状況がすべて解決されることはないかもしれませんが、問題はつねに発生し、その都度対応していかなければなりません。

　私たちは他者との関係のなかで、「外的コミュニケーション」と「内的コミュニケーション」の過程を経て「問題的状況」を克服しています。したがって他者とかかわることは、現代社会に生きる私たちにとって、とても大切なことなのです。

自己の存在を
確かにする他者

　自己（self）について、定義することは非常に難しく、専門的な研究者のあいだでも統一的な見解は明らかにされていませんが、船津（2011）は社会学の立場から「自我はタマネギである」と次のように説明しています。

　自分を問い詰めても何も出てこない。なぜなら、自我はタマネギのようなものだからである。タマネギの皮を剥いていけば、芯のようなものが出てくると思っても、最後まで何も出てこない。（中略）そうすると、「自分には、結局、何もないのだ」と簡単に結論づけ、「自己否定」や「他者否定」に走ってしまうようになる。実は、この剥いて捨てたタマネギの皮が自我を形づくっている。皮は親の期待、友達の期待、先生や先輩の期待など、他の人々の期待を意味する。これらの期待の組み合わせが自我をつくり上げている。(pp. 8-9)

　つまり人間の自我は単独で存在するのではなく、つねに他者とのかかわりにおいて作り上げられているものだとしています。

図表1-1　自我はタマネギである

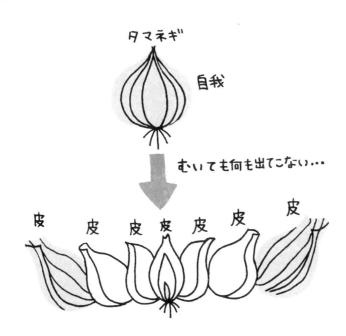

では、タマネギの皮はどのようにつくられているのでしょうか。身近なところで考えてみたいと思います。

みなさんは、授業の終盤に「振り返りカード」のようなものを書くことがあると思います。次の文章は、自然観察をしたあとでの学生の振り返りカードの一部です。

「同じ自然でも天候によって違う顔を見せたりするのがおもしろい」というAさんの感想を聞いて、たしかにそうだなと思いました。

クモの巣なんかは、晴れているときに見つけても「うわっ！」と避けることのほうが多いと思いますが、子どものころ、雨上がりにはクモの巣に残った無数の水滴が太陽の光を浴びてキラキラ輝いていて、「宝石みたいできれいだな」とよく見ていたことを思い出しました。その様子がとても不思議で、最初に見たときはすごく感動したのを覚えています。

雨上がりのクモの巣を見るようになってから、晴れの日のクモの巣にも、嫌な気分よりも興味をもつようになり、〝どうやって作っているのかな〟〝細い糸みたいなのに雨が降っても壊れないんだ！　強いなぁ〟と見るようになりました。

友達の感想を聞き、何気なく通り過ぎてしまう日常生活のなかで自然の美しさを感じていた自分、感じることができる自分に気づいたことが読み取れます。友達の一言によって、この学生は身近な自然への見方や感じ方が一変したことでしょう。

このように、感じていることや考えていることなどを振り返ることで、○○と感じている自分、○○と考えている自分に気づくことができます。それが「タマネギの皮」であり、別の言葉でいうと**自己概念**や**自己評価**なのです。自己概念や自己評価は単なる知識ではなく、社会的な行動を促したり、学習などと結びついたりしていくものなのです。

これは振り返りカードに書かれていたことですが、日常生活のなかでは、このような会話（外的コミュニケーション）のなかで、「内省的思考」をしながら自我の発達を促しているのです。

「自分」とは何か

アイデンティティという言葉を聞いたことがありますか。「アイデンティティの危機」「アイデンティティの喪失」という言葉がメディアで取り上げられることもあります。「アイデンティティ」とは、「自己を確認すること」です。つまり、「──危機」や「──喪失」とは、「自己を確認すること」ができなくなってしまった状態を指すのでしょう。

あくまで今の自我ということで考えてよいと思います。前段でも述べましたが、自我は他者との関係のなかで再構成されていくものだからです。

問題は、「自分は何をしたらよいのかわからない」「なりたい自分を描くことができない」といった状態にあることです。自ら考え、自ら行動するという経験をせずに成長すると、自立と自律といった心が育たないまま大人になってしまいます。

年長児になれば、自分は「○○をして遊ぶことが好き」「○○が得意」といった自己意

識はもてるようになってきます。それが「自我の発達の基礎」と呼ぶに等しいものでしょう。みなさんはどのような自己概念をもっているのか、まずは体験してみましょう。

体験する・調べる・考える

Who am I ? （私は誰ですか）

次の体験は、アイオワ大学のクーン（Kuhn, M. H.）を中心とする研究者が作成した「TST」（Twenty Statements Test of Self-Attitude）です。

① 一人で、次ページのシートの「私は」の後ろに、心に思い浮かんでくることを書いてみましょう。正解はありませんので、「私は……です」「私は……のような人です」など、どのようなことを書いてもOKです。足りない人はつけ足してください。すべて書けなくてもかまいません。時間は10分としましょう。

② 2～3人のグループをつくり、グループ内で順番に発表しましょう。お互いが知り合うきっかけにもなります。ほかの人に発表したくない内容は無理にしなくてもよいです。

Who am I?（私は誰ですか）

1.私は

2.私は

3.私は

4.私は

5.私は

6.私は

7.私は

8.私は

9.私は

10.私は

11.私は

12.私は

13.私は

14.私は

15.私は

16.私は

17.私は

18.私は

19.私は

20.私は

③自分のことを書いたり、ほかの人の書いたものを聞いたりしたことで、あなたが気づいたり感じたことを書いてみましょう。

自分を知ることからはじまる

どのようなことを書きましたか。また、どのような感想をもちましたか。「私は〇〇大学の学生です」「私は△△県人です」など「属性」に関することを書いた人が多いのではないでしょうか。「性格」や「趣味」「欲求」などを書いた人もいるでしょう。

星野（2003）は、「人間関係の中で私たちに特に必要な自己概念は「性格」の部分です。」と述べています。なぜなら「人とかかわっていく時に自分がどういう「態度」「行動」を取っているのかということを、自分がどれだけわかっているのかということ」（p.10）だからです。

人間関係は、自分を知ることが基本です。たとえば、自分が相手とかかわっているときに、どのような「態度」や「行動」を取っているのかを知ることで、相手との関係の深さを測ることができます。また、自分と相手との関係を、必要があれば変えていくことも可能となります。要は自分を客観的に見ることができるかどうかにかかっているのです。

では次に、価値観や態度、行動の仕方などの特徴を考えてみます。もう一歩深く自分を知ることができるでしょう。

体験する・調べる・考える

今の自分をとらえる

①次のページの中央には、「私」と書かれています。その下の言葉を「私」との距離や位置を考えながら配置してみてください。

近い意味の言葉はそばに置いたりするなど、言葉同士の関係も考えて位置を決めていくとよいでしょう。矢印などをつけて関係をわかりやすくしてもよいでしょう。考えている途中で、下の言葉以外の言葉が浮かんできたら、書き加えることも可能です。

例）

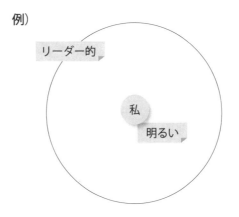

出所：星野, 2007を元に著者作成

②完成したら、もう一度よく見て感想を書い
　てみましょう。

ありのままの自分に注目する

　完成した図は、みなさん自身が自分をどの
ように見ているのかを表したものです。私た
ちは自分を厳しく評価しがちですが、まずは
あるがままの自分に注目し、受け入れること
が大切です。評価ではなく、今の自分を客観
的にとらえることで、相手との関係やある状
況での自分の態度や動き方に関する方向づけ
ができるのではないでしょうか。それを意識
しておくことが人間関係を考えるうえで重要
です。

　また、私たちはいろいろな人に出会います
が、自分の自己概念と一致する人ばかりでは
ありません。自分の価値観と違う人とも出会
うでしょう。そのようなとき、自己概念が広
ければ広いほど、抵抗感をもたずに受け入れ
ていくことが可能となります。新しい経験を
することで、自己概念が広がっていきます。

　星野 (2003) は、人と人とのかかわりには"お
つきあい"と"つきあい"の2種類のかかわ
り方があるといいます。「お」がついている
かどうかの違いですが、ニュアンスの差はみ
なさんも感じることができるでしょう。

　たしかに日常生活のなかでは"おつきあい"
も必要なことですが、表面的な関係のみでは、
自己形成にかかわる関係も、問題的状況を克
服するような関係も築いていくことはできま
せん。

　保育者自身も、新しい人との「出会い」を
多くもつこと、そして"おつきあい"ではな
く、葛藤場面も辞さない"つきあう"ことが
重要であることは言うまでもありません。そ
のためには、ありのままの自分を受け入れ、
見つめていくことが大切なのです。

社会・文化に生きる子ども
——生態学的環境として関係をとらえる

人は他者とのコミュニケーションのなかで発達していきます。一人の子どもをとらえようとするとき、その子だけを見ていたのでは理解することはできません。子どもを取り巻く人的環境、また社会や文化といった背景を考慮していくことで理解が深まっていきます。

誕生と同時にはじまる新たな関係

ポルトマン（Portmann, A.）は、「人間は他の哺乳類と比べ、1年ほど早産である」という人間の特殊性を指摘し、それを「生理的早産」と呼びました。

たとえば、キリンやウマなど草食動物は生後、比較的早い時期に立って歩き、親の乳を求めて歩きはじめます。しかし、人間の赤ちゃんは、大人の庇護がないかぎり生きていくことができません。

新生児はほとんど乳を飲んで眠るだけの生活が続きますが、空腹や衣類の汚れ、体温調節など身体内外に不快を感じると泣き、空腹や不快感を身近にいる大人に訴えます。そして、世話をしてくれる、自分を快の状態にしてくれる大人に対して新生児期から親しみを感じ、信頼感を抱くようになっていきます。

このように人生の最初の段階から他者との関係をもち、さまざまな交渉を行うのです。

みなさんは誕生以来、どのような人とかかわってきましたか？　具体的に考えてみましょう。幼いころの記憶はないと思いますので、家族に聞いたり、アルバムや小学校の生活科で作った自分史などを参考にしたりしましょう。

体験する・調べる・考える

対人関係図を書いてみよう

①p. 22の中央の丸にあなたの名前を書き入れましょう。

②その外側に、誕生から1歳までにかかわった人を書きましょう（具体的な名前やニックネームを書いてもいいですね）。

③次に、2〜6歳まで

④次に、小学校

⑤次に、自分以外の人同士で関係のある人を矢印で結んでみましょう。

図表2-1　サンプル：Kちゃんを中心にした対人関係図（6歳まで）

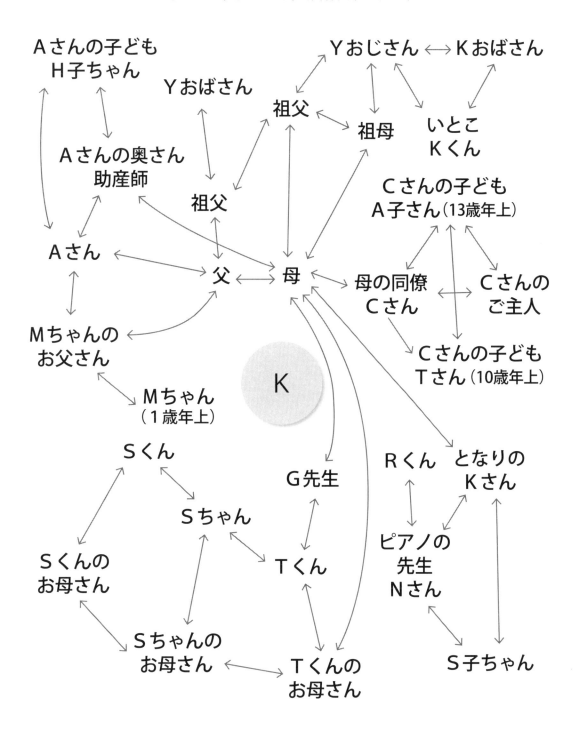

⑥対人関係図を眺めて、気づいたり感じたりしたことを書いてみましょう。

新生児は、泣くことで自分の状況を周囲に伝えようとしています。また、大人も理解するしないにかかわらず、「お腹が空いたのね」「ねんねしたいのね」などと語りかけながら世話をします。

対人関係図を見てわかるとおり、子どもの発達は年齢を重ねるにしたがって、家庭から保育所・幼稚園、小学校、おけいこごと、中学校……と必然的に行動の場を拡大し、新たな行動の場で新たな活動をして役割を取得し、対人関係を築いていきます。

要は自我が拡大していくのです。Lecture 1 のタマネギで考えると、「皮の部分が厚くなっていく」といってもよいでしょう。

周囲の関係も変化する

今は子どもを主体に考えましたが、親を主体に考えてみると、親もまた子どもを通して自我を拡大しているということができます。

たとえば、**図表2-1**のKちゃんを例にとったサンプルでは、母親は子どもが生まれることで、夫の友人Aさんの奥さんであり助産師をしている女性と知り合いになります。自宅に来てもらい沐浴をしながら育児や家庭、仕事についてなどさまざまな情報のやり取りがあったことと思われます。「子どもの誕生を機に関係が広がった」といえるでしょう。

さらに、子どもの成長とともに保育所や幼稚園、学校で、ほかの子どもの保護者と必然的にかかわることとなります。親も新たな行動の場を拡大し、そこにあった経験をしていくわけです。

そして、子どもの誕生を機に家族の関係も変化します。もちろん子どもが生まれる前から家庭は存在していたわけですが、新生児の存在自体が家族の関係を変化させていくものとなります。

たとえば、家事・育児に協力的な夫であった場合、夫と妻の関係は子どもを中心にいっそう深まっていくでしょう。一方、父親が非協力的であれば、父親不在の母親と赤ちゃんとの限られた生活を送ることになります。

また、きょうだいがいた場合、「退行」いわゆる「赤ちゃん返り」という行動を示すことがあります。これは新生児の誕生が、きょうだいと親との関係を変化させ、きょうだいの発達に影響を及ぼしたと考えることができます。

「生態学的モデル」を通して人間関係を考える

　生態学的モデルとは、発達心理学者のブロンフェンブレナー（Bronfenbrenner, U., 1979/1996）が提唱した人間の発達を考えるための一つの理論です。

　生態学とは、『デジタル大辞泉』によると「生物と環境との関係、個体間の相互関係、エネルギー循環など、生物の生活に関する科学」と書かれています。英語ではecologyという語を使用しています。

　この「エコ」という言葉は、みなさんも日常的に使うことでしょう。エコはecologicalの略で、「環境保護の」「環境にやさしい」といった意味で使われますね。ほかにもecologicalには「生態学の」「生態上の」という意味もあります。

　つまり生態学（ecology）とは、生物と環境が影響を及ぼし合うこと（相互作用）を研究する学問なのです。

　環境には自然的環境と社会的環境があります。「エコ」というと自然的環境をイメージしがちですが、人と社会的環境との相互作用に注目し、人間の発達を生態学的にとらえようとしたのがブロンフェンブレナーなのです。

　社会の外に人がいるのではなく、人は社会のなかに存在し、そこに参加することを通して、自分の新しい側面を見つけたり、社会に変化を及ぼしたりします。前段を読めばわかるとおり、新生児は無力ですが、その存在だけで家族の関係を変化させてしまいます。

　要するに、人の行動や人とのかかわりを見るときには、その人が置かれている生活環境との相互作用のなかに生じているという観点をもつことが必要なのです。さらに現代社会においては子どもを取り巻く環境が複雑になってきており、ステレオタイプの見方では理解することが難しくなってきています。

イメージはマトリョーシカ

　人間の発達を生態学的にとらえるとは、どのようにイメージしたらよいのでしょうか。

　ブロンフェンブレナーは次のように述べています。

　生態学的環境は、ロシア人形のようにいくつもが次々と内部に抱き合わされている入れ子構造のように考えられる。一番内側にあるレベルは、発達しつつある人を直接つつみこんでいる行動場面（セッティング）である。(p. 3)

　どうやらマトリョーシカをイメージしているようです。

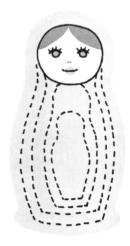

一番内側は家庭や学校が考えられるでしょう。直接的な相互関係です。たとえば、Kちゃんと母親、Kちゃんと保育者の相互関係です。

第2のレベルは、「個々の行動場面を切り離して見るのではなく、いくつかの行動場面間の相互関係を見ることが必要となる」（p.3）と加えています。次のような場面は、実践ではよくあるのではないでしょうか。

エピソード

幼稚園で栽培したトマトを使って「トマトごはん」を作ることになりました。トマトが嫌いなAくんの母親は、担任の保育者に「うちの子、トマトが嫌いですが大丈夫でしょうか」と登園時に伝えましたが、「無理に食べさせることはないので心配しないでください」という保育者の言葉を聞き、安心して帰宅しました。

みんなでトマトごはんを食べるとき、保育者が何も言わずにいると、Aくんは仲のよい友達と一緒にトマトごはんを食べていました。

この事例を読んでわかるとおり、保育者から特別な言葉がけがあったわけではありません。でも、Aくんはトマトを食べることができました。一体なぜでしょう。

まずは、母親と保育者の関係を見ると、両者とも「無理に食べなくてもよい」という共通のスタンスをもっています。そのためAくんは安心して一日を過ごすことができます。加えて、友達との遊びの楽しさやかかわりの

心地よさが、トマトへのこだわりを忘れさせたのかもしれません。

このように、母親と保育者の相互関係や友達との相互関係のありようによって、子どもは新しいことに挑戦したり、苦手を克服したりしていくのです。一方、その逆もあります。

つまり、人間の発達は生活のさまざまな場面における相互関係を切り離して考えることはできないといってよいでしょう。

第3のレベルですが、「その人が直接居合わせていない行動場面で生起する出来事によっても、著しい影響を受けることがある」（p.4）とブロンフェンブレナーは仮説を立てています。たとえば、虐待の要因の一つに経済問題があるように、親の雇用条件が子どもの発達に影響を及ぼすことも否めません。

これらの3つのレベルの生態学的環境は、文化や下位文化（サブカルチャー）が異なれば明らかに違ったものになります。

たとえば欧米では、乳児でも親とは別室で睡眠を取るといわれています。日本では多くの家庭が親と乳児と同室です。それぞれの文化の違いですが、子どもと親との関係、両親の関係にも違いが出てくるのではないでしょうか。

ブロンフェンブレナーは、「いかなる文化あるいは下位文化の中でも、ある行動場面——たとえば、家庭、学校、職場——は類似していることが多い。しかし、文化が異なればそれらは明らかに違ったものになる。」（p.4）と述べています。つまり、文化が異なることを前提にさまざまな事柄を理解していくことが重要なのです。

「システム」という見方

ブロンフェンブレナーは、生態学的環境の構造を**システム**という言葉を使って定義しています。マトリョーシカの一番内側、つまり直接的な行動場面で起こる複雑な相互関係を**マイクロシステム**（microsystem）としました。第2レベルは**メゾシステム**（mesosystem）、第3レベルは**エクソシステム**（exosystem）と定義しました。

エクソシステムは、親の職場、地域、法律、福祉などです。

さらに、文化や下位文化に共通している社会的制度の体系やイデオロギーなど、各システムの内容や形態に一貫性を与え、根底をなすものを**マクロシステム**（macrosystem）としました（**図表2-2**）。

つまり、ある社会や社会集団のなかでのマイクロ、メゾ、エクソシステムの構造や内実は類似している傾向にありますが、異なった社会集団のあいだでは、その構造や内実が異なる傾向を示すということです。

図表2-2　ブロンフェンブレナーの生態学的モデル

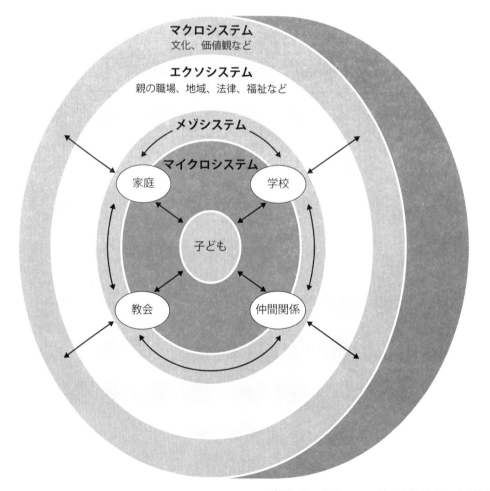

出所：Bronfenbrenner, 1979/1996を元に著者作図

社会集団によって構造や内実は異なる

　では、なぜシステムとして関係を見ていくことが大切なのでしょうか。

　保育所保育指針の「保育の実施に関して配慮すべき事項」に、「オ　子どもの国籍や文化の違いを認め、互いに尊重する心を育てるようにすること。」とあり、『保育所保育指針解説』(厚生労働省, 2018)では次のように書かれています。

　保育所では、外国籍の子どもをはじめ、様々な文化を背景にもつ子どもが共に生活している。保育士等はそれぞれの文化の多様性を尊重し、多文化共生の保育を進めていくことが求められる。(略)その際、外国籍の子どもの文化だけでなく、宗教や生活習慣など、どの家庭にもあるそれぞれの文化を尊重することが必要である。(p. 287)

　日本人のなかでも価値観や家族間は多様化しており、新たな下位文化の形成は以前にも増してスピード感が増しています。子どもを深く理解していくために、保育者自身の価値観を振り返りながら、システムとして関係を見ていくことがいっそう重要になってきています。

Lecture 3

領域「人間関係」がめざすもの

幼稚園教育要領・保育所保育指針の基本について学んだうえで、具体的に幼児期の子どもたちが遊びや生活のなかから何を学んでいるのか、領域「人間関係」がめざすものは何かということについて考えていきます。

幼稚園教育要領・保育所保育指針の基本

幼稚園教育要領（以下、教育要領）と保育所保育指針（以下、保育指針）は、子どもの発達特性にもとづいて組み立てられています。『幼稚園教育要領解説』では、次のように子どもの発達特性をとらえています。

一般に、幼児期は自分の生活を離れて知識や技能を一方向的に教えられて身に付けていく時期ではなく、生活の中で自分の興味や欲求に基づいた直接的・具体的な体験を通して、この時期にふさわしい生活を営むために必要なことが培われる時期であることが知られている。(p. 28)

子どもの興味とは無関係に効率よく物事を教えていくよりも、子ども自身が、興味や関心、必要感にもとづき環境に働きかけ、発達に必要なものを獲得していくほうが子どもの発達に合っているということです。つまり、「好奇心が旺盛である」という子どもの発達

の特性を最大限に生かした教育を行っていこうとしているのです。

小学校以上の学習指導要領は、背景となる学問の系統性に従って組み立てられています。言いかえると、小学校以上の教科は子どもの発達に合わせ、順を追って学習内容が並べられています。

一方、教育要領・保育指針は子どもの発達そのものを中核とする教育なのです。好奇心が旺盛であるという子どもの発達特性にもとづき、乳幼児教育では「環境を通して行うこと」を基本としています。

さらに、教育要領では重視する事項として、以下の3つを挙げています。

（1）幼児期にふさわしい生活が展開されるようにすること

（2）遊びを通しての総合的な指導をすること

（3）一人一人の発達の特性に応じた指導をすること

ねらいと内容の考え方

　教育要領では、「ねらい」について「幼稚園教育において育みたい資質・能力を幼児の生活する姿から捉えたもの」としています。

　資質・能力とは、「知識及び技能の基礎」「思考力、判断力、表現力等の基礎」「学びに向かう力、人間性等」の3つを指し、それらを一体的に育みながら生きる力の基礎を培っていくことをめざしています。

　"生きる力"とは、現行の学習指導要領の理念であり、「変化の激しい社会を担う子どもたちに必要な力」として、1996（平成8）年に中央教育審議会答申に明記されたものです。

　具体的には、「自分で課題を見つけ、自ら学び、自ら考え、主体的に判断し、行動し、よりよく問題を解決する資質や能力であり、また、自らを律しつつ、たくましく生きるための健康や体力」が"生きる力"とされています。

　また、「内容」について教育要領では、「ねらいを達成するために指導する事項」としています。

　さらに、「ねらい」と「内容」は、子どもの発達の側面から5つの領域に分けられています。

　子どもの発達は、さまざまな側面がからみ合って互いに影響しながら遂げられていくものです。子どもの発達の過程をそれぞれの領域からとらえていこうとするもので、領域は「発達を見る窓口」といってもよいでしょう。

感性と表現に関する領域
「表現」

心身の健康に関する領域
「健康」

言葉の獲得に関する領域
「言葉」

人とのかかわりに関する領域
「人間関係」

身近な環境とのかかわりに関する領域
「環境」

領域「人間関係」のねらい及び内容、内容の取扱い

領域「人間関係」の「ねらい」「内容」「内容の取扱い」の構造を図に示すと**図表3-1**のようになります。このLetureでは、とくに領域「人間関係」の「ねらい」に注目し、考えていきます。

図表3-1　領域とねらい、内容の相関図 ※幼稚園教育要領を基本に示す。

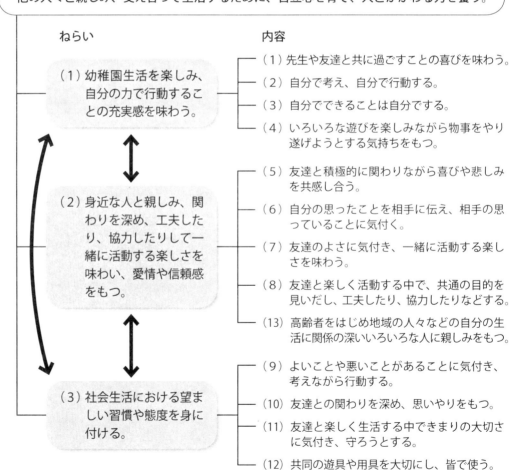

2017年告示の保育所保育指針では、「1歳以上3歳未満児の保育に関わるねらい及び内容」が示されました。p.34と巻末資料を参考にしてください。

内容の取扱い

（1）教師との信頼関係に支えられて自分自身の生活を確立していくことが人と関わる基盤となることを考慮し、幼児が自ら周囲に働き掛けることにより多様な感情を体験し、試行錯誤しながら諦めずにやり遂げることの達成感や、前向きな見通しをもって自分の力で行うことの充実感を味わうことができるよう、幼児の行動を見守りながら適切な援助を行うようにすること。
　　　　　　　　　　　➡**本書p. 38〜　など**

（2）一人一人を生かした集団を形成しながら人と関わる力を育てていくようにすること。その際、集団の生活の中で、幼児が自己を発揮し、教師や他の幼児に認められる体験をし、自分のよさや特徴に気付き、自信をもって行動できるようにすること。
　　　　　　　　　　　➡**本書p. 43〜　など**

（3）幼児が互いに関わりを深め、協同して遊ぶようになるため、自ら行動する力を育てるようにするとともに、他の幼児と試行錯誤しながら活動を展開する楽しさや共通の目的が実現する喜びを味わうことができるようにすること。
　　　　　　　　　　　➡**本書p. 47〜　など**

（4）道徳性の芽生えを培うに当たっては、基本的な生活習慣の形成を図るとともに、幼児が他の幼児との関わりの中で他人の存在に気付き、相手を尊重する気持ちをもって行動できるようにし、また、自然や身近な動植物に親しむことなどを通して豊かな心情が育つようにすること。特に、人に対する信頼感や思いやりの気持ちは、葛藤やつまずきをも体験し、それらを乗り越えることにより次第に芽生えてくることに配慮すること。
　　　　　　　　　　　➡**本書p. 51〜　など**

（5）集団の生活を通して、幼児が人との関わりを深め、規範意識の芽生えが培われることを考慮し、幼児が教師との信頼関係に支えられて自己を発揮する中で、互いに思いを主張し、折り合いを付ける体験をし、きまりの必要性などに気付き、自分の気持ちを調整する力が育つようにすること。
　　　　　　　　　　　➡**本書p. 51〜　など**

（6）高齢者をはじめ地域の人々などの自分の生活に関係の深いいろいろな人と触れ合い、自分の感情や意志を表現しながら共に楽しみ、共感し合う体験を通して、これらの人々などに親しみをもち、人と関わることの楽しさや人の役に立つ喜びを味わうことができるようにすること。また、生活を通して親や祖父母などの家族の愛情に気付き、家族を大切にしようとする気持ちが育つようにすること。

幼稚園・保育所は大人社会の縮図

　次に、子どもの遊びの姿をもとに子どもの学びについて考えてみたいと思います。

体験する・調べる・考える

砂場で学ぶことは？

　数人の子どもが園の砂場で遊んでいます。子どもたちは遊びを通して何を学んでいる（体験している）のでしょうか。できるだけ具体的に話し合ってみましょう。

例）

・砂が水にしみ込んでいくことへの驚き

・道具の貸し借り

ロバート・フルガム（Robert Fulghum）の
エッセー『新・人生に必要な知恵はすべて幼
稚園の砂場で学んだ』（2003/2004）を読んだ
ことがありますか。

フルガムは「人間、どう生きるか、どのよ
うにふるまい、どんな気持ちで日々を送れば
いいか、本当に知っていなくてはならないこ
とを、わたしは全部残らず、幼稚園で教わっ
た。」（p.23）と述べ、具体的に幼稚園の砂場
で学んだことを続けます。

何でもみんなで分け合うこと。

ずるをしないこと。

人をぶたないこと。

使ったものは必ずもとのところに戻すこと。

ちらかしたら自分で後片づけをすること。

人のものに手を出さないこと。

誰かを傷つけたら、ごめんなさい、と言う
こと。

食事の前には手を洗うこと。

トイレに行ったらちゃんと水を流すこと。

焼きたてのクッキーと冷たいミルクは体に
いい。

釣り合いの取れた生活をすること——毎日、
少し勉強し、少し考え、少し絵を描き、歌い、
踊り、遊び、そして少し働くこと。

毎日かならず昼寝をすること。

おもてに出るときは車に気をつけ、手をつ
ないで、はなればなれにならないようにする
こと。

不思議だな、と思う気持を大切にすること。

（pp. 23-24）

と続きます。人間としてしなければならな
いことは、幼稚園や保育園の遊びや生活のな
かにあるというのです。黄金律の「何事でも
人々からしてほしいと望むことは、人々にも
そのとおりにせよ〈マタイの福音書・七〉」（『デ
ジタル大辞泉』より）の精神や、愛する心、衛
生の基本などが述べられています。

フルガムは「人は社会に順応するため、す
なわち、人間社会の根本的な成り立ちを知る
ために学校へ行く。」（pp. 27-28）と述べ、さ
らに「六歳の子供に、環境汚染や環境破壊の
代償と深刻な影響を説明することは極めてむ
ずかしい。（中略）ちらかしたら自分で後片
づけをすること。使ったものはかならずもと
のところに戻すこと。人のものに手を出さな
いこと。いずれも忘れてはならない戒めであ
る。」（p.29）と続けています。

つまり、大人の社会で起こっていることは、
すべて幼稚園・保育所の砂場での出来事に置
きかえて考えることができるということなの
です。幼稚園・保育所で体験を通して学ぶこ
とがいかに大切かを教えてくれるエッセイで
す。そして、領域「人間関係」がめざす道徳
性、規範意識、基本的生活習慣などが凝縮さ
れています。

領域「人間関係」は何をめざしているのだろう

　道徳性、規範意識、基本的生活習慣は、形式的な礼儀作法では、身についていきません。心情や意欲を表す子どもの行動として出てくることが重要なのです。

　家庭という限られた人とのかかわりのなかで育ってきた子どもの生活は、入園と同時に一変します。見知らぬ保育者や同年代の子どもがいる集団のなかでの生活がはじまります。

　家庭とは違い、自分の思いだけで振る舞うわけにはいきません。異質な他者や集団生活のきまりなどの葛藤を乗り越えながら、自分の思いも出しつつ、仲間と一緒にどのように生活をしていくのかを学んでいかなければなりません。

　岩田（2010）は、幼児期の個と共同性が育つプロセスを**図表3-2**のように表しています。

　個と共同性の育ちは、いつの時代にもかわらない保育の課題であり、めざすものでもあります。領域「人間関係」では、「幼稚園生活を楽しみ、自分の力で行動することの充実感を味わう」という**個の育ち**とともに、「身近な人と親しみ、かかわりを深め、愛情や信頼感をもつ」という**共同性の育ち**をめざしています。

　個と共同性の育ちを大切にする遊びや生活を通じての心情や意欲が、態度として表れてきます。そのため、時間をかけて子どもたちの育ちを見守り、援助することが重要です。

図表3-2　幼児期の個と共同性が育つプロセス

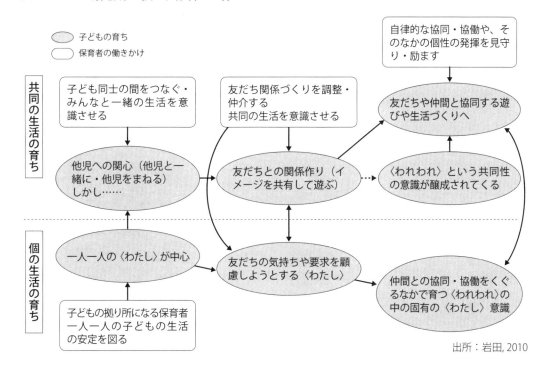

出所：岩田, 2010

領域「人間関係」の基礎知識

領域「人間関係」には、3つの「ねらい」があります。なぜ、この3つの「ねらい」を乳幼児期に身につけていくことが大切なのか、発達心理学の理論と結びつけながら考えていきましょう。

領域「人間関係」の「ねらい」

幼稚園教育要領の領域「人間関係」の「ねらい」

（1）幼稚園生活を楽しみ、自分の力で行動することの充実感を味わう。
（2）身近な人と親しみ、関わりを深め、工夫したり、協力したりして一緒に活動する楽しさを味わい、愛情や信頼感をもつ。
（3）社会生活における望ましい習慣や態度を身に付ける。

多少の文言の差はありますが、幼稚園も保育所も保育内容に関しては、整合性が図られています。2017年3月に公示された保育所保育指針には、1歳以上3歳未満児の保育に関わるねらい及び内容が示されました。領域「人間関係」の「ねらい」は次のとおりです。

①保育所での生活を楽しみ、身近な人と関わる心地よさを感じる。
②周囲の子ども等への興味や関心が高まり、関わりをもとうとする。
③保育所の生活の仕方に慣れ、きまりの大切さに気付く。

いずれも「自立心」「愛情や信頼感」「社会性」「規範意識」などを、人とのかかわりのなかで身につけていくこと、つまり体験的に身につけていくことが重視されています。

Lecture 4 では、なぜこのようなことを身につけていくことが必要なのか、**乳幼児期の発達課題**を把握したうえで、**愛着の形成、自我の育ち、社会性の育ち、道徳性の育ち**について考えていきます。

乳幼児期の発達課題

人間の生命活動は、生涯を通して身体的、生理的、精神的にさまざまな変化を起こします。近年では、子どもから大人・老人までのライフサイクル上の変化として発達をとらえ、人間は発達し続ける存在であると考えられるようになってきました。

発達課題とは、健全な発達を促すために、それぞれの時期に経験しておきたい内容です。発達課題については、さまざまな研究者の提案がありますが、ここでは**エリクソン**（Erikson, E. H.）の「発達段階説」と**ハヴィガースト**（Havighurst, R. J.）の「発達課題」について見ていくこととします。

乳幼児期とは

児童福祉法における児童は、乳児（満1歳に満たない者）、幼児（満1歳から、小学校就学の始期に達するまでの者）、及び少年（小学校就学の始期から、満18歳に達するまでの者）に分けられていますが、発達心理学では、乳児と幼児の境目は1歳半であり、一致していません。

人間は一定の順序と方向性をもって連続的に発達していきますが、その速度は各部位や機能によっても異なります。みなさんは「スキャモンの発達曲線」を見たことがあると思いますが、体重や脳の重さなど量的な変化は2次元的グラフで表すことが可能です。

しかし、言葉の獲得や社会性の育ちなど質的な変化はグラフで表すことはできません。その質的な変化を記述する方法として、**発達段階**（developmental stages）があります。発達に見られる節目を手がかりに、連続的な発達の過程を分節化してみようとするものです。

発達段階は、人間の発達をどの側面に焦点を当てて見るかによって、設定が異なってきます。たとえば、ピアジェは子どもの論理的思考の発達を中心に発達段階を提案しました。0歳から2歳までを「感覚運動期」と名づけ、この時期をさらに6段階に分けています。

人間の一生をライフサイクルでとらえる

エリクソンは、パーソナリティや情緒・動機づけを中心とする発達段階を、フロイトの理論を応用しながら心理・社会的観点を取り入れて発展させ、**ライフサイクル**という考え方を確立しました。

図表4-1　発達期の区分

出生前期（prenatal period）	胎内にいる時期
新生児期（neonatal period）	生後4週まで
乳児期（infancy）	生後4週目〜1歳6ヵ月まで
幼児期（young childhood）	1歳6ヵ月〜就学まで
児童期（childhood）	小学生の時期
思春期*（puberty）	小学生後半〜中学生
青年期（adolescence）	中学生〜20歳代後半
成人期（adulthood）	30歳代〜
中年期*（middle age）	青年と老年の狭間
老年期（senescence:old age）	65歳以上

＊研究者により、各期の始期や終期が一致しないことがある。とくに「思春期」と「中年期」は、その時期を設定するかどうかを含めて研究者による違いが大きい。

出所：子安, 2011を改変

8つの発達段階の各段階に、自我が発達していくうえで直面する**心理・社会的危機**（発達課題）があり、この危機を「乗り越えられた場合」と「乗り越えられなかった場合」とで比較して示しています。

つまり、対人関係やその人が生活している場所の歴史的・文化的な制約のなかで、その人が社会的に期待されている自我の役割をいかに変化させていくのかを段階的に区分し、順序づけているのです（**図表4-2**）。

では、乳児期について注目してみたいと思います。エリクソン（Erikson, 1950/1977）は「乳児が成しとげる最初の社会的行為は、母親が見えなくなっても、無闇に心配したり怒ったりしないで、母親の不在を快く受入れることができるようになることである。それは、取りも直さず、母親が予測できる外的存在になったばかりでなく、内的な確実性をもつようになったからである。」（p. 317）と述べています。

ここでは母親と述べていますが、母親的人物（主たる養育者が母親でない場合もあるので）との**相互作用**（interaction）の過程で、自他を区別し、そばにいなくても心のなかでイメージできるようになってくるということです。また、母親的人物は自分を裏切らないという確信をもてるようになる、つまり、母親的人物との信頼関係の確立が、乳児にとって最初の社会的行為なのです。

さらに、エリクソンは「乳児が最初期の経験から得る信頼の念の量は、食物や愛情の表示の絶対量に依存するのではなく、むしろ母親との関係の質に依るらしいということである。」（p. 320）と続けています。

つまり、信頼関係の確立には、ただ単に世話をするのではなく、関係の質（相互作用）が重要だということです。母親的人物自身に心のゆとりがなければ、関係の質を高めていくことができないでしょう。そのためには、母親的人物も環境のなかで「一人の人間として信頼されている」という確信をもちながら子育てをすることが重要であり、それが子どもの心のなかの信頼感を醸成していくのです。

また、幼稚園や保育所では、保育者との信

図表4-2　エリクソンの発達段階

	発達段階	心理・社会的危機	重要な関係の範囲	基本的強さ
1	乳児期	基本的信頼 対 基本的不信	母親的人物	希望
2	幼児期初期	自律性 対 恥、疑惑	親的人物	意志
3	遊戯期	自主性 対 罪悪感	基本家族	目的
4	学童期	勤勉性 対 劣等感	「近隣」、学校	適格
5	青年期	同一性 対 同一性の混乱	仲間集団と外集団：リーダーシップの諸モデル	忠誠
6	前成人期	親密 対 孤立	友情、性愛、競争、協力の関係におけるパートナー	愛
7	成人期	生殖性 対 停滞性	（分担する）労働と（共有する）家庭	世話
8	老年期	統合 対 絶望	「人類」「私の種族」	英知

出所：Erikson, 1982/1989, p. 34を改変

頼関係を基盤に生活の充実感や満足感を味わうようになっていきます。とくに保育所では多くの時間、保育者が母親的人物となります。

つまり、保育者は人生の初期の基本的信頼感を培う時期における重要な人的環境であり、その信頼感に支えられて、子どもは生活を楽しみ、自分の力で行動することができるようになっていくということを念頭に置きながら保育に携わることが大切です。

社会的存在としての人へ

乳幼児期は、身体的・生理的・精神的に人間らしさの基礎が培われる重要な段階です。誕生と同時に生命の維持や安全に関するものだけでなく、社会的存在としての"人間"になっていくためには、さまざまな課題を乳幼児期に獲得していかなければなりません。その各段階の発達課題を提案したのが、ハヴィガーストです。

この発達課題は、身体的成熟に関するもの、社会・文化で規定されるものなどが示されており、各段階で示された課題を達成すると社会的承認を受け、自己信頼感や自己肯定感を得ることができ、その後も順調に発達していくことが可能となります。

たとえば、「排泄習慣の自立」について考えてみると、排泄習慣の自立が可能になれば、おむつをつけなくてもよいので、活動もしやすくなります。また、おむつを持たなくてもいろいろな場所に行けるようになり、養育者からも離れることができます。

一方、自立がうまくいかなかった場合、社会的な受容や承認が得られないため劣等感が生じ、その後の課題の達成が困難になります。

これらの発達課題を克服し、"ヒト"が"人間"になっていくのだと考えてよいでしょう。

とくに「⑧両親や兄弟姉妹や他人と情緒的に結びつくこと」と「⑨善悪を区別することの学習と良心を発達させること」は、領域「人間関係」の「ねらい」や「内容」と直結する発達課題だといえるでしょう。

図表4-3　ハヴィガースト(1953/1995)の発達課題

① 歩行の学習
② 固形の食物をとることの学習
③ 話すことの学習
④ 排泄の仕方を学ぶこと
⑤ 性の相違を知り性に対する慎みを学ぶこと
⑥ 生理的安定を得ること
⑦ 社会や事物についての単純な概念を形成すること
⑧ 両親や兄弟姉妹や他人と情緒的に結びつくこと
⑨ 善悪を区別することの学習と良心を発達させること

乳幼児期の愛着の形成

周囲の親しい人との愛着形成が、その後の発達に大きく影響を与えるということは、エリクソンの「発達段階説」やハヴィガーストの「発達課題」にも示されているとおりです。

ここでは、"ヒト"が社会的存在としての"人間"になるための重要な人的環境としての母親（あるいは母親的人物）との関係性について考えていきます。

「安全の基地」を心のなかにもつこと

エリクソンは、母親的人物と**基本的信頼関係**を築くことが乳児期の発達課題であるとしました。「母親的人物が自分を裏切らない」という確信がもてるようになることと、そばにいなくても心のなかでイメージできるようになることが重要なのです。

幼稚園教育要領の領域「人間関係」の「内容の取扱い」（1）を見てみましょう。

（1）教師との信頼関係に支えられて自分自身の生活を確立していくことが人と関わる基盤となることを考慮し、幼児が自ら周囲に働き掛けることにより多様な感情を体験し、試行錯誤しながら諦めずにやり遂げることの達成感や、前向きな見通しをもって自分の力で行うことの充実感を味わうことができるよう、幼児の行動を見守りながら適切な援助を行うようにすること。

具体的にイメージを膨らませてみましょう。『ピーターラビットのおはなし』（Potter, B., 1902/1971）は、多くの人が読んだことがあると思います。主人公ピーターはお母さんの忠告に耳を貸さず、お父さんをパイにしてしまったマグレガーさんの畑で野菜を食べあさり、パセリを探そうとしたところで、マグレガーさんに出くわします。その後は、マグレガーさんとの追跡劇。追いつめられる恐ろしい経験もしますが、命からがらもみの木の下の家にたどり着きます。

そして、くたくたに　くたびれていたので、うさぎあなのなかの　やわらかいすなのうえに、どさりとよこになると、目をつぶりました。おかあさんは、いそがしくごはんのよういをしているところでした。ピーターは、ふくをどこへおいてきたのだろう　と、おかあさんはおもいました。（p. 50）

お母さんはピーターに根掘り葉掘り聞くことはしません。ピーターを見守りながら、最後まで優しく温かい態度で接してくれます。お母さんという**安全の基地**（Bowlby, 1988/1993）があるからこそ、ピーターは冒険に出かけることができるのです。**ボウルヴィ**（Bowlby, J.）は、両親による安全の基地の提供は、安全の基地から「外の世界に出ていけるし、戻ってきたときには喜んで迎えられると確信して帰還する」（Bowlby, 1988/1993, p. 14）ことを可能にしてくれると述べています。

つまり、子どもが家庭では母親的存在である養育者、幼稚園や保育所では保育者を安全の基地として、心のなかにイメージできるようになると、自分の力で行動することができるようになるのです。

では、どのような過程を経て、子どもは安全の基地を心のなかにもつことができるようになるのでしょうか。

乳児からの働きかけ

初めての出産を予定している女性にとって、出産は喜びであると同時に多くの不安をもたらすものでもあります。保育や幼児教育を学んでいる学生とは違い、受胎・妊娠・育児について、わずかな知識しかもっていない人が多いからです。

きょうだいが少なく、近所づき合いもままならない現代社会において、母親が授乳している姿すらも見たことがない人が多いのではないでしょうか。入浴も衣服の着がえも、乳児は人形のようにジッとしているわけではなく、なかなか思いどおりにはいきません。しかし、養育者からの行動を引き出す特徴を乳児自身がもっているのです。

赤ちゃんの姿を見ると、思わず「かわいい！」と言ってしまうことは、みなさんにもあるでしょう。**ローレンツ**（Lorenz, K. Z.）は、乳児の特徴である「突き出た額と丸い顔」と「身体の比率」が養育行動を引き起こすと考え、**ローレンツ・スキーム**と名づけました（**図表4-4**）。

図表4-4　ローレンツ・スキーム

出所：Lorenz, 1970

このような特徴に加えて、笑い声や泣き声も養育者の行動を引き起こします。乳児は養育者からの一方的に世話をされるだけではなく、自ら積極的に働きかけているといってよいでしょう。つまり誕生と同時に、新米の母親に対しても自ら働きかけ、相互作用のきっかけをつくっていくのです。

社会的刺激に生まれつき反応する

新生児は生得的に社会的刺激に反応することも知られています。たとえば、人の声に対して微笑するという反応をしますが、とくに母親の声が微笑反応を喚起させるともいわれています。また、乳児は人の顔に早くから特別な関心を示します。

ファンツ（Fantz, R. L.）は、**選好注視法**という実験を行いました。これは、乳児が特定の図形を一貫して好むことを利用した実験方法で、その結果、乳児は新生児期から単純な図形より複雑な図形を、とくに人の顔の形に似た図形を好んで注視する傾向があることがわかりました（図表4-5）。

乳児が母親の目を見つめれば、母親も乳児の目を見つめます。この見つめ合いは子どもにとって心地よいものとなりますが、このとき母親も、自分の子どもであるという実感を重ねて深い愛情を感じ、子どもの世話をしたり、あやしたりすることに喜びを覚えるようになってきます。

このような積極的な相互作用を繰り返し体験するなかで、「子どもが母親を見る→母親が笑いかける→子どもが声を立てて笑う→母親が微笑む」というやり取りが続き、相互作用も徐々に洗練されていくのです。

しかし、このような能力が新生児に備わっていたとしても、母親がそれに反応しなければ相互作用は生じません。

愛着の対象

生まれた直後のひな鳥が親の後ろをついて回る光景を見たことがありますか。ローレンツ（Lorenz, 1983/1998）は、ハイイロガンのヒナがふ化して最初に見た「動くもの」を自分の母親とみなし、それについて回るという現象を**刷り込み**（imprinting）という語を使って報告しました。これは、鳥類のヒナに見られる行動ですが、広くさまざまな生物種に

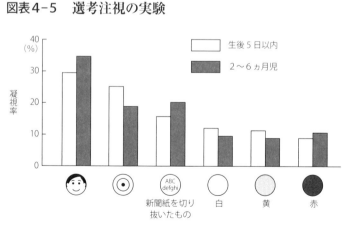

図表4-5 選考注視の実験

出所：Fantz, 1961

も認められているともいわれています。

ボウルヴィ（Bowlby, 1988/1993）は、**愛着**（attachment）という語を使い、対象との接近関係を維持したり回復したりしようとする傾向を説明し、ヒトの乳児においては、愛着の発達の過程で重要であるということを指摘しています。

アタッチメント行動は、それがどのような形態であるにしろ、状況によりよく対処できると思われる特定の人物に接近し、接近を維持する行動である。それは、怖い思いをしたり、疲れ切ったり、病気になったときにもっとも顕著であり、慰められたり、世話されることでしずまる。それ以外のときにはアタッチメント行動はそれほど目立たない。それにもかかわらず、アタッチメントの対象となる人物がいて、応じてくれることを知ることは、強い安心感を与え、その人物との関係を大切にし、継続するように促す。

アタッチメント行動は、乳幼児期にもっとも顕著であるが、生涯をとおして―とくに非常時には―みられる。(pp. 33-34)

つまり、人には特定の人物と緊密な愛着関係のなかにあって「自分は安全である」という感覚を得ようとする傾向があり、「アタッチメント行動は人間の本質に欠くことのできないもの」(p.34) であるのです。ボウルヴィは保険にたとえて、「危急の際にすぐに快く助けにきてくれる親しい人の近くにいることは、私たちが何歳であっても、よい保険に入っているようなものである。」(p.34) とも述べています。アタッチメントの対象となる人物がいることで安心して生活したり、新しいことにチャレンジしたりすることができるのです。

愛着の質は3タイプ

今日では、生後1年間の愛着の質がその後の愛着の発達に関係する可能性があるというボウルヴィの研究は、研究者や臨床家だけでなく、親たちにも知られるようになってきました。その背景には、**エインズワース**（Ainsworth, M. D. S.）による「ストレンジ・シチュエーション法」の開発があります。

エインズワースは、愛着の個人差は、とくに養育者との分離および再会の場面に集約して表れるとし、母親との分離場面や再会場面を設定し、生後12〜18ヵ月の子どもの反応を愛着のタイプ別に分類しました（**図表4-6**）。

近年は、この3つのタイプに収まらない第4の愛着のタイプ「Dタイプ（無秩序・無方向型）の存在が注目されています。

Dタイプは顔を背けながら母親に近づく、再会場面で母親に抱きついたかと思うと床に倒れ込むなど、接近と回避が同時に見られるパターンです。

ボウルヴィはDタイプについて、子どもが身体的虐待やネグレクトされている場合や、母親の精神疾患、母親自身が被虐待児の場合などに起因すると指摘しています。

ストレンジ・シチュエーション法は、愛着の質の指標となります。多くの場合、Bタイプ（安定型）の母親は、乳児にとっての「安全の基地」としての役割を担うことができるといってよいでしょう。

乳児は安全な場所で興味や関心のある対象があると、母親から離れて探索行動を行い、時々母親の元に戻ることができるようになります。いつも自分の期待を裏切らない母親が存在することで、心のなかに安全の基地をもつことができ、ピーターラビットのように自分の力で行動できるようになっていくのです。

図表4-6　ストレンジ・シチュエーション法による愛着の分類

	母親との分離場面	母親との再会場面	このタイプの母親
Aタイプ（回避群・不安定群）	ほとんど泣かない。	はっきりと母親を避けようとする。抱かれても抱きつくことはなく、降ろされても抵抗しない。	拒否的で、硬い性格。子どものために自分の行動が中断されたり、子どもが自分の思いどおりに動かないとイライラし、怒ってしまう。
Bタイプ（正常群・安定群）	多少の不安を示すが、C群ほどは泣かない。	積極的に身体接触を求める。母親に対して肯定的であり、アンビバレントな感情は抱いていない。	肯定的で応答的である。
Cタイプ（アンビバレント群・不安定群）	強い不安を示す。	身体接触を強く求めるが、同時に母親をたたく「怒りの反抗」も見せ、アンビバレントな感情を示す。	A群の母親ほど拒否的・強制的ではないが、B群ほど応答的ではない。微妙なタイミングのセンスに欠け、一貫して肯定的な身体的接触を与えることができない。

出所：斎藤,1991を元に著者作成

人のなかで育つ自我

エリクソンは、自我が発達していくうえで直面する「心理・社会的危機」を示しました。なぜ、自我が発達していくことが重要なのでしょうか。ここでは乳幼児期の「自己理解」や「自己概念」の発達について考えていきます。

「自己理解」や「自己概念」をもつことが大切なわけ

エリクソンの発達段階説では、遊戯期（幼児期後期）の心理・社会的危機には、自主性が挙げられています。つまり、幼児期後期には、**自主性**を育むことが重要なのです。

幼稚園教育要領の領域「人間関係」の「内容の取扱い」の（2）を見てみましょう。

（2）一人一人を生かした集団を形成しながら人と関わる力を育てていくようにすること。その際、集団の生活の中で、幼児が自己を発揮し、教師や他の幼児に認められる体験をし、自分のよさや特徴に気付き、自信をもって行動できるようにすること。

ここでは「自信をもって行動できるようにすること」と書かれています。「自信」とは、『デジタル大辞泉』によれば、「自分で自分の能力や価値などを信じること。自分の考え方や行動が正しいと信じて疑わないこと」という意味があります。

つまり、自分の能力や価値を認識して行動することが主体的な活動であり、自主性を育むことにつながります。ですから、自分のよさや得意としていることを知ること、つまり**自己理解**や**自己概念**をもつことが大切なのです。

自我はタマネギの皮

もう少し考えてみましょう。

先ほどの引用では「自信をもって行動できるように」なるためには、「集団生活の中で、幼児が自己を発揮し、教師や他の幼児に認められる体験」の必要性が述べられています。

Lecture 1 で出てきた「自我はタマネギである」（船津, 2011）を思い出してください。船津（2011）は、「剥いて捨てたタマネギの皮が自我を形づくっている。皮は親の期待、友達の期待、先生や先輩の期待など、他の人々の期待」（p. 9）だと述べています。すなわち、自我は単独で存在するのではなく、つねに他者とのかかわりにおいて作り上げられているものです。

つまり、「教師や他の幼児に認められる体験」＝「タマネギの皮」なのです。

具体的にイメージを膨らませてみましょう。

みなさんは、『わたし』（谷川俊太郎・文　長新太・絵）を読んだことがありますか。

主人公みち子は5歳です。

わたし
おとこのこから　みると　おんなのこ
あかちゃんから　みると　おねえちゃん
おにいちゃんから　みると　いもうと
おかあさんから　みると　むすめの　みちこ
おとうさんから　みても　むすめの　みちこ
（中略）

となりのおばさんから　みると　やまぐちさんの　したの　おこさん
　　　（中略）
きりんから　みると　ちび
ありから　みると　でか
　　　（中略）
おまわりさんから　みると　まいご？
　　　（中略）
おもちゃやさんへ　いくと　おきゃくさん
　　　（中略）
わたし
しらないひとから　みると　だれ？
ほこうしゃてんごく　では　おおぜいの　ひとり

そう、見る人によって「わたし」は変わるのです。つまり自己と他者を相対的に見ることで、「わたし」という存在を確かにしていく主人公みち子の姿が描かれています。言いかえれば、「おんなのこ」「おねえちゃん」「いもうと」「むすめ」……が「タマネギの皮」ということです。Lecture 1 でみなさんが体験した「Who am I ?」と同じですね。

しかし、誕生と同時に「わたし」を知ることはできません。そもそも「わたし」という言葉を使えるようになるまでには一定の過程があります。

では、どのような過程を経て、乳幼児は「自己理解」が可能になり、また「自己概念」をもつことができるようになるのでしょうか。

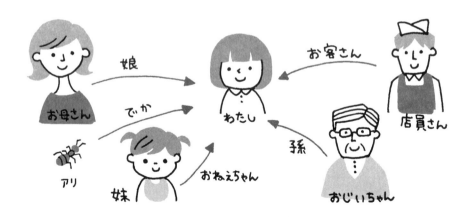

自己と他者の区別

新生児は自分と他者という意識はなく、区別もできません。4ヵ月ごろになると、自分の指を口に入れたり、足の指をなめたり、自分の手を見つめたりと、自分の体に触れることが多くなります。そのとき自分の体に触れたことの感覚と、養育者や物に触れたときの感覚の違いに気づき、自分の体を理解していくようになります。

さらに1歳半ごろには鏡像を自分と対立させつつ、自分の鏡像をたたいたり、なめたりするなど分身のごとく遊ぶようになります。つまり、鏡像は自分であるということを理解できるようになり、実物でないこともわかるようになってきます。鏡像の自己認知が確立したわけです。自己認知は他者認知よりも遅れるといってもよいでしょう。

「わたし」や「ぼく」という言葉

1歳半ごろになると、「鏡像の自己認知」が可能になると述べましたが、あくまでも鏡に映った自分の姿を知っただけです。先ほど紹介した絵本の主人公みち子が、「わたし」について語っている姿とは違います。

みなさんは「わたし」とか「ぼく」という一人称の人代名詞をいつごろから使いはじめたか覚えていますか。幼稚園や保育所、街中で子どもが自分のことを何と呼んでいるか、観察してみるのもよいですね。

多くの場合、「○○ちゃん」→「○○」→「わたし・ぼく」という経過をたどるのではないでしょうか。

アメリカの社会学者クーリー（Cooley, C. H.）は、自分の子どもの言葉の発達を観察していたところ、人形や犬など事物に関する言葉は比較的早く使えるようになりますが、「わたし」や「ぼく」という言葉はなかなか表れてこないことに気がつきました。

事物に関する言葉は、身近にいる人が使った言葉を模倣するだけでよいのですが、人称代名詞は模倣するだけでは意味をなしません。

たとえば、「あなたは誰ですか？」と聞かれたとき、「あなた」という人称代名詞を「わたし」に変換して答えなければなりせん。このような語法を使えるようになるには、相手の立場に立つこと、相手との相対で自分をとらえる能力を身につけることが必要です。

つまり、他者の観点から自分をとらえることができるようになって初めて、「わたし」や「ぼく」という人称代名詞が使えるようなるわけです。

鏡に映った自我

人は自分の顔を自分で見ることができません。それと同じように自我も自分ではわかりません。自我を知るためには他者を鏡とし、それを通して自我を知っていくのです。このことをクーリーは**鏡に映った自我**（looking-glass self）という用語を使い、自我の形成を説明しています。

親や友達、あるいは先輩や先生が自分をどう見ているのか、またどう評価しているのかを知ることによって、自分を知ることができるのです（船津, 2011, p. 16）。

このように自我は他者との関連で社会的に

形成されていくものですが、とくに家族や子どもの遊び仲間、大人の近隣集団や地域集団などの**第一次集団**（Cooley, 1905/1970）のなかで形成されていきます。

船津（2011）は、「第一次」の意味について以下のようにまとめています。

①最初に経験する社会集団

②フェイス・トゥ・フェイスの親密な結びつきと協同の存在

③人間の社会性と理想の形成に果たす基本的な役割　　　　　　　　　　　（p. 17）

つまり、最初に経験する社会集団という意味では家族がそれに当たるでしょう。また、直接に顔を見ることができ、接触でき、力を合わせて何かができるという意味では、家族だけでなく幼稚園や保育所の遊び仲間もそれに匹敵します。

自己を発揮できる場をつくる

先ほど述べたように、私たちは他者との相互作用のなかで「鏡に映った自我」を知ることができます。子どもも園生活のなかで自分以外の友達の存在に気づき、友達への興味や関心の高まりから一緒に遊びたいという気持ちが高まり、盛んにかかわりをもつようになってきます。

遊びのなかではさまざまな心情を体験していきます。その体験を通して相手のことを知り、また自分のことも知るのです。相互作用のなかで、徐々に**自己理解**（＝自分のよさや得意としていることなどを知る）を深めていくことが可能になります。

そのためには、集団のなかで一人一人の子どもが安心して十分に自己を発揮できる場をつくることが大切です。もちろん積極的に指導が必要な場面もありますが、保育者は日常的には子どものありのままの姿を認め、温かく見守る必要があります。

さらに、保育者と子ども、子ども同士の心のつながりのある温かい集団を育んでいくことが、一人一人の自己の発揮につながります。このような環境のなか、子ども同士がよい刺激を受け合い、影響し合いながら育ち合っていくのです。

社会性の発達と遊び

　幼児期になると、幼稚園や保育所で集団生活を送るうちに他児とのかかわりのなかで社会的スキルを身につけていきます。そこで、ここでは幼児期の社会性の発達と遊びについて考えていきます。

社会性とは

　「社会性」は、日常生活でも一般的に使用する言葉です。『デジタル大辞泉』では、「①集団を作って生活しようとする、人間の根本的性質。②他人との関係など、社会生活を重視する性格。また、社会生活を営む素質・能力。③広く社会に通じる性質。社会生活に関連する度合い。」となっています。

　ここでは②の意味や内容だと理解するとわかりやすいと思います。まさに領域「人間関係」のめざすところそのものです。

　幼児期の子どもは、遊びを中心とした生活のなかで必要なことを身につけていきます。社会性についても例外ではありません。つまり、幼児期の子どもにとって、社会性の発達と遊びは切っても切り離せない関係にあるのです。

　幼稚園教育要領の領域「人間関係」の「内容の取扱い」（3）を見てみましょう。

（3）幼児が互いに関わりを深め、協同して遊ぶようになるため、自ら行動する力を育てるようにするとともに、他の幼児と試行錯誤しながら活動を展開する楽しさや共通の目的が実現する喜びを味わうことができるようにすること。

　「協同して遊ぶようになる」＝仲間関係の成立までには、さまざまな過程が必要なようです。

仲間との関係を形成する意義

　子どもは乳児期より同世代の子どもに対して強い関心を抱きます。他児が何をしているのかじっと観察したり、同じようなことをしてみたりする姿をよく見かけます。

　さらに、幼稚園や保育所に入園すると共通の興味や関心をもつ他児と遊ぶようになり、仲間関係を形成していきます。

　中澤（2011）は、幼児期の仲間関係の意義を次のようにまとめています。

---

①仲間がいることで交流や遊びの楽しさを味わうことができ、お互いに支えあい情緒的な安定を与えあう。

②仲間との交流において、自分の欲求を適切に表出するためのさまざまな社会的スキルを獲得し、互いの欲求を調整するための社会的ルール、協力、協調、共感の能力を身につける。

③仲間との活動を通して認知的な発達を相互に促しあう。（p. 242）

　つまり、交流することや遊ぶことが楽しく、また一緒にいることが心地よいと感じることができるのが仲間であり、仲間関係は社会的知識・対人的知識・対物的知識を獲得することを可能とし、また自己概念を形成するうえでの契機ともなるのです。

パーテンの遊びの発達段階

では、「協同して遊ぶ」とはどのような姿をイメージしたらよいのでしょうか。

パーテン（Parten, M）の古典的な研究では、2〜5歳児にかけて仲間との相互作用は、①何もしない、②孤立遊び、③傍観、④平行遊び、⑤連合遊び、⑥協同遊びへと遊びが次第に複雑に、また社会的な形に変化していくとしています。

協同遊びとは、同じ目的をもって遊ぶことです。みなさんが大学祭で模擬店を出店したり、サークルでボランティアをしたりすることと似ているかもしれません。

しかし、子どもの遊び方をよく見ると、パーテンの遊びの発達段階パターンが単純には当てはまらないことがわかります。年長の子どもだけが連合遊びや協同遊びのみを行うわけではないということです。

孤立遊びの意味

パーテンの遊びの発達段階は、仲間との相互作用に注目し、単純な形態から複雑な形態に変化していく過程を示しています。

しかし、相互作用の形態として単純ではありますが、「孤立遊び」は年長児でも出現します。幼い時期に見られる感覚運動的な孤立遊び（目的もなく砂に触れるなど）は、次第に減少していきますが、構成的な孤立遊び（積み木で何か作るなど）は、減少することはありません。大人でも、絵を描いたりパズルを解い

たりするときには、一人で没頭することが多いのではないでしょうか。

一人の活動を通して楽しむ遊びの充実は、「自ら行動する力」を育む基盤でもあります。個の遊びの充実のうえに、集団での「協同の遊び」の充実があるのです。

「仲間入り」する手立て

質の高い協同遊びができるようになるためには、「試行錯誤しながら活動を展開」していたりする姿が出現している場合も少なくありません。

たとえば、すでに遊んでいる集団に「仲間入り」する場面では、「仲間の遊びを良く見て（傍観）、仲間に入れてくれそうな子の近くで遊び（平行遊び）、進行している遊びについて質問をする」（中澤, 2011, p. 243）というパーテンの遊びの発達段階では未熟とされている方略を適切に使うことで仲間に受け入れられるのです。

みなさんも友達の雑談のなかに入ろうとするとき、いきなり自分の話したいことを話しはじめるということはしませんよね。まずは何について話をしているのか聞きながら、その話題に沿った話から入るでしょう。そして徐々に自分の話したいことにずらしていくのではないでしょうか。このように、仲間入りの場面では子どもの遊びも大人の会話も大きな差がないことがわかります。幼い時期から、時には失敗もしながら、遊びを通して仲間入りのスキルを身につけていくのでしょう。

図表4-7　パーテンの遊びの発達段階

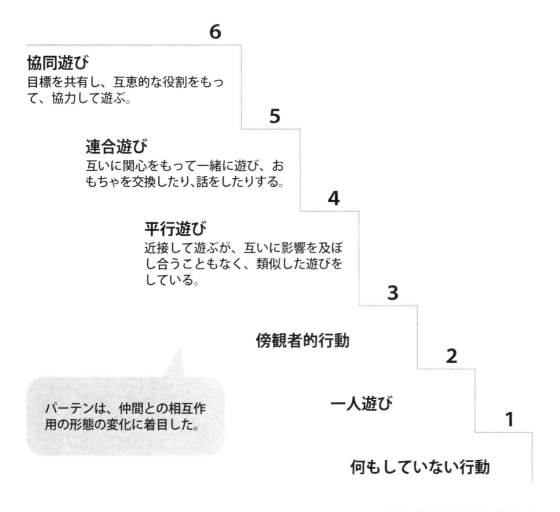

出所：渡辺, 2010を元に著者作成

「けんか」で学ぶ自己主張と自己抑制

遊びのなかではさまざまな意見の違いやイメージの違いが生じ、それらを調整するコミュニケーションスキルが求められます。「けんか」という機会を通して、**自己主張と自己抑制**の仕方を学んでいきます。また、さまざまな感情を体験しながら、友達との仲間関係を深めていくことができるのです。

大人は「けんかはいけないものだ」ととらえがちですが、けんかには背景となる理由があり、それらを伝え合うことで自分とは違った意見やイメージをもっている人がいることを知ります。そして、その違いを考慮しながら調整する力を身につけていきます。したがって、けんかは社会性の発達には大切なこと

で、子ども同士がLecture 1で学んだ「つきあう」関係を築いていくことができるのです。

具体的にイメージしてみましょう。

『けんかのきもち』（柴田愛子・文　伊藤秀男・絵）を読んでみましょう。本文ではありませんが、カバーにはけんかの約束が書かれています。

けんかは　素手_{すで}でやる。
けんかは　1対_{たい}1でやる。
けんかは　どちらかが
やめたくなったら　やめる。
これが　けんかのやくそく。

けんかすると、
まえより　もっと
なかよくなる。

けんかは、おもちゃの取り合いを中心に1歳ごろから見られるようになります。まだ自分の気持ちを言葉で表現することが難しい1〜2歳ごろには、周囲の大人が子どもの気持ちを代弁します。その繰り返しのなかで、相手の存在に気づいていきます。

しかし、その後もすぐに子ども同士で解決することは難しく、大人が仲介することで徐々に相手の気持ちにも気づくことができるようになります。

子ども同士で話し合って解決できるようになるには、5〜6歳ごろまで根気よく待つ必要があります。友達と楽しく遊ぶためには自己主張だけではなく、状況に応じて自己抑制することも必要であるということを学んでいくのです。

『けんかのきもち』のなかでは、けんかの理由は描かれていませんが、お互いの気持ちを正直にすべて出しているように感じます。それを「気持ちいいけんか」と著者の柴田は表現しています。

けんかに負けた主人公たいの視点から、気持ちを立て直すまでの過程が描かれています。このような「気持ちのいいけんか」を繰り返すことで仲間関係が深まり、社会性の発達が促されていくのでしょう。

道徳的態度の育ち

幼児期は他児とのかかわりを通して、自己中心的な思考から相手の立場に立った思考もできるようになってきます。社会性とともに道徳性や規範意識が培われる大切な時期です。ここでは道徳的態度の育ちについて考えていきましょう。

大学で道徳教育!?

ハヴィガースト（1953/1995）は、幼児期の発達課題の一つに「善悪を区別することの学習と良心を発達させること」を挙げています。彼は「子供は善悪の概念を学び、しかもこれらの概念に内容をあたえなければならない。」（p.36）と述べています。

つまり、善悪の概念について形式的に覚える、または形式的に守るのではなく、自分自身が納得する形で身につけていくことが大切なのです。

あるとき、「規範意識　身に付けて」「道徳教育　大学が重視」という新聞の見出しが目に留まりました。「大学が道徳教育に目を向け始めている。近年は初年次教育の一環でモラルや倫理観に触れる機会も。道徳心につながる読解力の養成や、専用の教科書づくりや研究機関を設ける大学も出てきた。」とのリード文があり、「教室の備品を無断で持ち出す。試験中にトイレに行き、電子機器でカンニングする。決められた場所で喫煙せずポイ捨て─。」と本文が続きます（2012年4月22日の静岡新聞朝刊より）。

「読解力の養成」が有効な手だてかどうか

はわかりませんが、大学生の規範意識、道徳心の低下が述べられている記事です。一部の大学生であるとは思いますが、記事になるということは、このような振る舞いをする学生が存在するのでしょう。

このような記事を見ると、いつも「幼児期に体験的に学んでこなかったのか？」と疑問に感じ、幼児教育に携わっている者として悲しくなります。

なぜなら、「（9）よいことや悪いことがあることに気付き、考えながら行動する。」「（12）共同の遊具や用具を大切にし、みんなで使う。」という内容が領域「人間関係」には含まれているからです。

「内容」には、幼児が保育者の指導のもと身につけていくことが望ましいことが明記されています。これは幼稚園や保育所の遊具や用具に限定しているわけではなく、小学校に行けば小学校の遊具や用具があるでしょう。また、公共物や公共施設もそれにあたります。

つまり、応用できる力をつけていくことが重要なのです。ですから、大学生になって規範意識が低下したのではなく、幼児期から身についていなかったのかもしれません。一見できているようであっても、他律的にルールやきまりを守っているうちは、身につかないということなのです。

「道徳性」と「規範意識」

前項の新聞記事にも何回か使用されていますが、「道徳性」と「規範意識」という言葉を整理しておく必要があると思います。

まずは、ピアジェ（Piaget, J.）とコールバ

ーグ（Kohlberg, L.）の道徳性の発達理論から考えてみましょう。

ピアジェは、道徳性の発達を「他律的な大人の拘束による道徳観から、自律的で仲間との協同による道徳観への変化、一方的尊敬から相互的尊敬への変化」（二宮, 2011, p. 290）ととらえました。

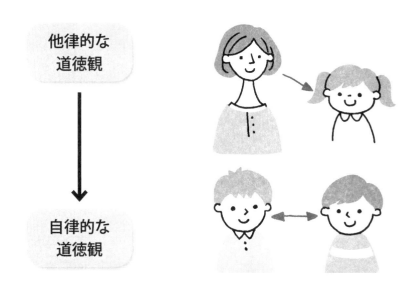

また、コールバーグは道徳性の発達について3水準6段階を提起しました（図表4-8）。

図表4-8　コールバーグによる道徳性の発達段階

第1水準　前慣習的水準
段階1：罰と服従への指向
段階2：道具主義的な相対主義
第2水準　慣習的水準
段階3：対人的同調あるいは良い子指向
段階4：法と秩序指向
第3水準　後慣習的水準
段階5：社会契約的な法律指向
段階6：普遍的な倫理的原理の指向

出所：二宮, 2011

ピアジェやコールバーグは道徳性の発達を他律的から自律的へと直線的にとらえていますが、実際に道徳的な判断や行動が求められる場面では、単に大人への服従から独立することだけではなく、質的に異なる領域からの思考様式が私たちには求められてきます。

①他者の権利や幸せについて考えることができる道徳性

②人とのかかわりを円滑にし、社会の秩序を維持する社会的習慣

③「道路に飛び出してはいけない」といった自己の安全管理を規制する自己管理

などが考えられます。これを保育内容の言葉に置きかえると、「道徳性」「規範意識」「基本的生活習慣」となります。

Lecture ④ 領域「人間関係」の基礎知識

「道徳性の芽生え」をいかに育むか

道徳性の芽生えについて、幼稚園教育要領の領域「人間関係」の「内容の取扱い」（4）では、以下のように述べられています。

（4）道徳性の芽生えを培うに当たっては、基本的な生活習慣の形成を図るとともに、幼児が他の幼児との関わりの中で他人の存在に気付き、相手を尊重する気持ちをもって行動できるようにし、また、自然や身近な動植物に親しむことなどを通して豊かな心情が育つようにすること。特に、人に対する信頼感や思いやりの気持ちは、葛藤やつまずきをも体験し、それらを乗り越えることにより次第に芽生えてくることに配慮すること。

ここでは基本的生活習慣の形成の重要性が述べられています。一見関係がないように思われますが、前項で述べたとおり、自己管理領域は道徳性の発達に深くかかわっています。基本的生活習慣の形成において育まれた自立心は、自律性にもつながっていきます。

また、友達とのかかわりのなかで、葛藤やつまずきを体験しながら他者の存在に気づき、他者にも自分と同じような気持ちがあるということを知ることができるのです。このような体験を通して、相手を尊重する気持ちや思いやりの気持ちをもつことができるようになっていきます。これが、道徳性の芽生えといってよいでしょう。

「思いやりの気持ち」はどこから生まれるか

『しんせつな　ともだち』（方軼群・作　君島久子・訳　村山知義・画）を見ながら、「思いやりの気持ち」を具体的に考えていきたいと思います。

食べ物のない雪のある日、食べ物を探しに出かけたウサギはカブを2つ見つけます。1つをロバにあげると、ロバはヤギに、ヤギは○○に……。1つのカブがめぐりめぐって、最後は再びウサギのもとへ戻ってくるという話です。一般的に「思いやり」をもっての行為だと考えてよいでしょう。

内容の取扱い（4）では、思いやりの気持ちの芽生えについて述べられています。思いやりの気持ちも生まれながらにもっているわけではなく、人とのかかわりのなかで育んでいくものです。幼児期にはその「芽生え」を育んでいくことが大切といえます。いきなりこの動物たちのような行為ができるわけではないのです。では、どのように思いやりの気持ちは育まれ、それが行為として表れてくるようになるのでしょうか。

向社会的行動と思いやりの気持ちの関係性

人とのかかわりのなかで、相手にとってプラスになる行動全般を**向社会的行動**（prosocial behavior）といいます。向社会的行動と思いやり行動とは一致する部分も多いものの、意味合いが異なっている部分もあります。しかし、ここでは**アイゼンバーグ**（Eisenberg, N.）が提起した向社会的行動を理解する枠組みを参考に『しんせつな　ともだち』を考えてみ

53

たいと思います。

カブを見つける

↓

第1ステップ

「ロバも空腹である」とロバの状況を理解し、ロバの要求に気づいていきます。

第2ステップ

どのような援助をしたらよいのか、その能力があるかを考え、援助の計画を決めていきます（＝カブを1つ分ける）。

しかし、計画だけでは行為にまで移りません。動機づけやその状況での損得勘定などが問題となります。『しんせつな　ともだち』からは、損得勘定ではなく、ウサギとロバの日常的な関係が動機づけとなっていると推測できます。

アイゼンバーグは、この向社会的道徳判断が向社会的行動に直接影響する

としています。アイゼンバーグの「向社会的行動についての判断の発達」（**図表4-9**）を見てみましょう。ここでは主に幼児期～児童期ついてのみ示します。

第3ステップ

カブは再びウサギの元に来ます。『しんせつな　ともだち』では、実際に誰かが食べて助かったというわけではなく、友達みんなが思いやりの気持ちをもち、それを行動に移した結果としてカブがウサギの元に戻ってきました。みんなの思いやりの気持ちをウサギは感じ取ることができたと思われます。それが次への向社会的行動の原動力にもなります。

通常の場合、「ありがとう」という言葉や相手が喜んでいる姿などのフィードバックを受けることで、向社会的行動が促されると考えてよいでしょう。

思いやりの気持ちをもち、行動するまでには、複雑な心理過程があることがわかります。

図表4-9　向社会的行動についての判断の発達

レベル	概要	おおよその年齢
I　快楽主義的・自己焦点的指向	道徳的な配慮よりも自分に向けられた結果に関心をもっている。他人を助けるか助けないかの理由は、自分に直接得るものがあるかどうか、将来お返しがあるかどうか、自分が必要としたり好きだったりする相手かどうか（感情的な結びつきのため）、といった考慮である。	小学校入学前および小学校低学年
II　要求に目を向けた指向	たとえ他人の要求が自分の要求と相対立するものでも、他人の身体的、物質的、心理的要求に関心を示す。この関心は、自分でよく考えた役割取得、同情の言語的表現や罪責感のような内面化された感情への言及といった事実ははっきりとみられず、ごく単純なことばで表明される。	小学校入学前および多くの小学生

出所：二宮, 2012

幼児期には、まずは第1ステップの「他者の状況を理解し、他者が何を求めているのかに気づく力」を育むことが大切です。

そのためには、親の温かさ、親の向社会的行動のモデリング、子どもが他者の視点に立てたことへの励ましなどの人的環境の重要性が指摘されています。

園においては、保育者が子どもへの温かなまなざしをもちながらかかわること、保育者自身が向社会的行動のモデルを示すことなどが、子どもの向社会的行動を促していきます。保育者として、言葉ではなく行動で示していくことが大切なのです。

規範意識は人とのかかわりから育つ

大学生に限ったことではなく、一般社会でも規範意識の低下が著しいといわれています。人とのかかわりを円滑にし、社会の秩序を維持していくためには、一人一人が社会的習慣やきまりを意識して守っていかなければなりません。

幼稚園教育要領の領域「人間関係」の「内容の取扱い」（5）では、次のように述べられています。

（5）集団の生活を通して、幼児が人との関わりを深め、規範意識の芽生えが培われることを考慮し、幼児が教師との信頼関係に支えられて自己を発揮する中で、互いに思いを主張し、折り合いを付ける体験をし、きまりの必要性などに気付き、自分の気持ちを調整する力が育つようにすること。

ここでも「自己を発揮する中で、互いに思いを主張し、折り合いをつける体験をし、きまりの必要性などに気付き」と述べられています。

仲間とのかかわりのなかで駆け引きを行い、場面に応じた妥協点を探っていくことで社会道徳性（規範意識）が発達していきます。きまりは与えられるものではなく、自分たちの必要感に応じてつくっていくものなのだということに気づくのです。

道徳性や規範意識の育ちは、社会性の育ちと密接にかかわっています。大切なことは、葛藤やつまずきも道徳性の育ちを支える重要な要素となるということです。

新しい人と出会う入園・進級当初。人とのかかわりの第一歩「あいさつ」について、どのように考えたらよいのか、園だより「すくすく」を手がかりに具体的に考えてみましょう。

すくすく 5月
～園だより～

平成25年4月25日
静岡市立西奈幼稚園
園長　寺尾治代

幼稚園の園庭を、こいのぼりが気持ちよさそうに泳いでいます。子どもたちはさっそくこいのぼりを追いかけ、ちょっとしっぽが下に降りてくると、歓声が上がり、すぐに捕まえに行きます。『しっぽをひっぱるのはやめること』は子どもと話し合っていますが、思わず追いかけたくなるようなわくわくした気持ちは、大事にしていきたいと思っています。

もうすぐ風薫る五月。こいのぼりが風に乗って元気に泳ぐように、子どもたちも楽しい遊びを見つけて、ぐんぐん力をつけていってほしいと思っています。

あいさつは仲良しになるきっかけ

朝、横断歩道の前で子どもたちを迎えていると、最近、遠くから「おはようございます！」と声をかけてくれる子がいます。私から声をかけるよりも早く子どもからあいさつをしてもらうと、何だかとっても嬉しくなります。

私は、あいさつは心を開く（仲良しになる）チャンスだと思っています。

まだ、私になんとなく慣れていない（親しんでいない）お子さんや、ちょっと恥ずかしがり屋のお子さんは、「おはよう」が言えなくて、お母さんに隠れるようにしていますね。でも、元気に言えているお子さんと比べて、「何で言えないの」なんて思わなくても大丈夫です。お子さんはちゃんと私のほうを見てくれていますから、あいさつができるようになるのも時間の問題です。今後、お子さんがあいさつができた時、大いに褒めてあげてください。それまでは、私たち大人があいさつし合う姿を見せていくことが大事です。あいさつの仕方や、笑顔であいさつする心地よさなどがお子さんに伝われば、なにかのきっかけで声が出せるようになると思っています。

あいさつは『コミュニケーション』の第一歩です。現代は、人とかかわる力が弱いと言われています。幼児期の今から、あいさつすること、にっこり笑い合うこと、それが心地よいということを体験していくことで、人とのかかわり方が少しずつ分かるようになるのではないかと、期待しています。大人になっても人とかかわることが楽しめる人になってほしいですね。

＜ちょっとひとこと～優しい表現について～＞
　先日、年長のクラスに遊びに行った時のことです。一人の男の子が「ねえ、園長先生。園長先生って、ふくよかだね。」と言ってきました。正直、びっくりしました。「太ってるね。」と言われたことはよくありますが、「ふくよか」という表現を子どもの口から聞いたのは初めてのことでした。
　きっと、お家で幼稚園のことが話題になった時、私についての表現をお家の方が気を付けてくださってのことだと感じました。
　子どもたちは、身近な大人をよく見ています。大好きな人となれば、ましてよく見、同じような行動をとるようになります。もちろん、いいことも悪いことも。だからこそ、子どもに身近な大人は、子どもに真似をされても恥ずかしくない存在でいたいものだと、改めて感じたのでした。

① 大人が一方的に押しつけるのではなく、子どもとの話し合いのなかできまりをつくっていくことが大切です。また、気持ちを理解しながらもきまりを守ることを願っている大人の姿を感じ取りながら、きまりを守ろうと思い、徐々に守れるようになっていきます。

② あいさつは、「私はあなたの敵ではありませんよ」というメッセージを伝えるものです。もう一歩踏み込めば、園長先生が書かれているとおり、友好を深めるための手段にもなります。

③ 保育者として、子どもたちが表現するこのようなノンバーバールコミュニケーション（非言語的コミュニケーション）を感じ取る感性をもちたいものです。

④ 子どもたちは、周囲にいる親しい大人の行っていることをモデルに、人とのかかわり方を学んでいきます。このように、形式を教えるのではなく、「あいさつをする心地よさ」を体験的に感じ取ることが、「あいさつ」という態度として表れるようになってきます。

⑤ あいさつの仕方を形式的に教えれば、すぐにできるようになるでしょう。しかし、人とのかかわりは、時間をかけて子どもたちが身につけていくものであるということを保育者は自覚することが大切です。

この園だよりには、「大人がモデルになりましょう」という言葉はどこにもありません。しかし、園長先生が考えていらっしゃることを、具体的な子どもたちの姿を元に表現されています。このようなメッセージが子育ての指針になり、園を信頼していく契機となるのではないかと思います。

0・1・2歳児
0・1・2歳児の保育所における人とのかかわり

母親の育児休業が終了し、保育所に入所することになった1歳児のカナの保育所における人とのかかわりを、保育者が記入した連絡ノートを通して見ていきます。

保護者と園をつなぐ連絡ノート

連絡ノートは、送迎時の対話や園内の掲示と並んで、保育の内容や子どもの様子などを知らせるものです。とくに、言葉で思いや状況を伝えることが難しい乳児にとっては、保育者が園での子どもの思いや状況を読み取り保護者に伝える重要なツールとなります。

一方、保護者は自分の知らない子どもの姿を知ることで、園への信頼関係を深めたり、家庭における支援で必要なことを考えたりすることができるのです。

『保育所保育指針解説』では、保護者との相互理解について次のように述べています。

家庭と保育所が互いに理解し合い、その関係を深めるためには、保育士等が保護者の置かれている状況を把握し、思いを受け止めること、保護者が保育所における保育の意図を理解できるように説明すること、保護者の疑問や要望には対話を通して誠実に対応すること、保育士等と保護者の間で子どもに関する情報の交換を細やかに行うこと、子どもへの愛情や成長を喜ぶ気持ちを伝え合うことなどが必要である。(p. 333)

つまり、連絡ノートは単に子どもの姿を保護者に伝えるだけでなく、子どもの個別的発達と一般的発達を考慮しながら、子どもの見方やとらえ方のモデルを示していく役割も兼ね備えているといってもよいでしょう。さらに、保護者の子育ての自信や意欲を高めていけるように工夫することも求められています。

ここで扱う連絡ノートは、満1歳（12月25日生）を迎えるカナの保育所入園（12月1日）から約1年間に複数の保育者が記述したものです。カナと人とのかかわりに関する記録を中心に抽出し、乳児の保育所における人とのかかわりを考えていきます。

アタッチメント（愛着）の形成

保育所保育指針の社会的発達に関する視点「身近な人と気持ちが通じ合う」では、「受容的・応答的な関わりの下で、何かを伝えようとする意欲や身近な大人との信頼関係を育て、人と関わる力の基盤を培う。」と述べられています。子どもは特定の保育者への安心感をいかに築いていくのでしょうか。

連絡ノート1

12月3日
　来週の生活発表会の総練習でホールに行きました。保育者が離れると泣くようになり、抱っこすると少し落ち着いていました。

12月9日
　寝不足のせいかな？　抱っこを求めることが多かったです。でも園庭に出たらご機嫌になり、ハイハイをたくさんしたり、三輪車を押したりして遊んでいました。

　入園当初に比べ、保育者が信頼できる存在になっているようです。おそらく抱っこされることが心地よく、安心できると思えるようになってきたのでしょう。自分から「抱っこを求める」姿も出てきたようです。排泄や食事などの世話だけでなく、スキンシップも信頼関係を築く重要な要素であることを読み取ることができます。

連絡ノート2

12月20日
　朝から何回もゆるい便が出ていました。便をする前後はおなかが気持ち悪いようで、保育者に抱っこを求めて泣いていました。お部屋で過ごしました。活動する場がずいぶんと広がり、今一番のお気に入りは手洗い場です。

　子どもの不快感を感じ取り、それに応えてくれる保育者の姿を読み取ることができます。また、入所後1ヵ月足らずで活動の場も広がり、お気に入りの場所もできたようです。保育所が人的・物的の両面から安心できる場となってきました。

連絡ノート3

12月22日
　午前中は泣いていることが多く、半分寝かかっていたのですが、布団に入れようとすると目が開いて寝ませんでした。ごはんをあげると泣きやみ、よく食べるので「おいしい？」と聞くと、「うん」と答えてびっくりしました。

　空腹で機嫌が悪かったのかもしれませんね。保育者は問いに対して答えるカナに驚くと同時に、コミュニケーションが図れたうれしさも感じていたことでしょう。

12月28日
　保育者が見えなくなると、泣いて探します。一対一でいるときは、近くにあるおもちゃに手を伸ばして遊びだします。ミニカーの手押しが付いているのを用意すると、それを押して遊んでいました。

1月28日（1月は肺炎のため入院、この日まで登園せず）
　長くお休みしたので、どんな様子になるか心配していましたが、12月に1ヵ月いただけあって、思ったより落ち着いているのでホッとしました。「カナちゃん♡」と手を振ったり、フッと息をかけたりしてあげると、ケタケタとよく笑ってくれます。

　アタッチメントが形成されたといっていいでしょう。安心して保育所で生活することが可能となり、新しいことにもチャレンジできるようになってきました。

保育者が安全の基地

2月24日（2月、肺炎のため2週間ほど欠席）
　登園後、保育者の膝の上で少し過ごしてから、だんだんに動きだし、そのうち滑り台へと登っていきます。保育者はヒヤヒヤしながら目を離すことができません。でも本人は平気。今度はパジャマかごを引っ張りだし、なかなかいたずら好きのカナちゃんでした。

2月25日
　朝、登園するとすぐに遊びだし、滑り台を逆から登ったり、2枚のお皿をたたいて音や感触を楽しんだりしていました。手洗い場が大好きで水のあるところを手でたたいたり、足を上げて中によじ登ろうとしたりしています。止めても繰り返しチャレンジしていました。

3月2日
　水遊びが好きなのは子どもの共通点です。みんな「ダメよ」と言われながら、水道に来てはパシャパシャやっています。カナちゃんの場合、水道の流しに上がって中に入り、鏡を触ったり、足下の水をパシャパシャしたりします。たくさんの子どもがいるちゅうりっぷ組さんですが、そういう遊び方をするのはカナちゃんだけです。もう少し大きくなったら外でたくさん遊べる人になるのかな？　楽しみです。

Lecture 5　0・1・2歳児　0・1・2歳児の保育所における人とのかかわり

　2週間の欠席後、短時間で自分を出しながら遊ぶことができたことが記されています。ここで重要なのは、一般的にいたずらと思われるような行動でも、保育者が温かく見守っている姿です。保育所が安心して過ごせる場所になったからこそ、自分の興味や関心を最大限に発揮することができるのです。

　危ないことはもちろん避けますが、それ以外は子どもがやってみたいと思うことを重視し、自発性を育ててほしいと願っている保育者の思いを読み取ることができます。本格的なしつけは、理由を言葉で理解することができる1歳半から2歳を待つことになります。

> **連絡ノート7**
>
> **3月10日**
> 　給食のときに、自分の欲しい物があれば指さして欲しいことを訴えてきます。それとは違うものを口に入れようとすると顔を横に向け、"イヤ"の表情をします。

　好きなものと嫌いなものをはっきりと伝えている、いわゆる**自我の芽生え**の様子を肯定的にとらえています。

> **連絡ノート6**
>
> **3月6日**
> 　機嫌よく過ごしてくれています。時々、担任保育者たちには「バイバイ」と手を振ってくれますが、担任以外の保育者が声をかけると「べー」と泣いてしまいます。いろいろなことがわかってきたカナちゃん。笑顔もたくさん見せてくれます。

> **連絡ノート8**
>
> **3月13日**
> 　今日はお部屋のなかで遊ぶつもりでしたが、ほかの子が外に遊びに行く支度をしているのを見て、カナちゃんも外へ行きたくなったのか、保育者の服を引っ張って外を指さし、「いきたいよ」という気持ちを表します。あまり外で遊ばなかったカナちゃんなのでびっくり。お砂場で元気よく遊びました。少しずつ一人でいろんな遊びをするようになってきていますね。

　特定の保育者への安心感を示している記録です。この3ヵ月間で、複数の担任保育者とそれ以外を見分けることができるようになったということです。母親と同様、このような子どもの姿に出会うことで、保育者もいっそう子どもに愛着を感じるのではないでしょうか。

　遊びは、もっぱら一人で遊んでいるようですが、他児への関心は高まってきているようです。このような早い時期から自分と同年代の子どもの存在を認識しているということです。

　また、「外で遊びたい」という意思を保育

者に身振り手振りで知らせようとしています。自分の気持ちを保育者が理解してくれるという安心感をもっているのでしょう ノンバーバルコミュニケーション（非言語的コミュニケーション）の方法も身につけてきたことがわかります。

子どもたちとの出会い

3月28日
　園庭の砂場で年長さんが作った大きな落とし穴に自分から入り込んでニコニコ。年長さんも「入ったねー」とニコニコ顔で受け入れてくれました。

　自分より大きな子どもが遊んでいることに興味をもったのでしょう。異年齢の子どもとのかかわりも広がっていきます。

4月5日
　入園式がありました。新しいお友達やお父さん、お母さんがたくさんいて圧倒されてしまったのか、ずっと保育者の膝の上。時々エーンと泣きながら抱きつくなど、いつもと様子が違いとまどっているようでした。給食を食べると元気いっぱいになり、遊びはじめました。

4月10日
　新しいお友達がずっと泣いているため、カナちゃんも少々不安なのか、保育者にべったりとなってしまいました。ほかの子が保育者の膝に座っていると手で押しのけています。ほかの子が落ち着くまでちょっと我慢ですね。カナちゃんもほかの子も新しい環境に慣れるよう、保育者もがんばります。

　保育者の"お膝"は、どの子にとっても安全の基地です。新しい友達が増えたことで、"お膝"をめぐってのぶつかり合いがはじまります。友達との自己主張のぶつかり合いです。きょうだいが少ない子どもにとっては大切な経験だといってよいでしょう。我慢することも少しずつ学んでいくのです。

Lecture 5 0・1・2歳児　0・1・2歳児の
保育所における人とのかかわり

連絡ノート11

4月17日
　今日もバッグを持ってウロウロ。
「行ってらっしゃーい」と保育者が
言うと、バイバイと手を振って歩い
ていきます。お出かけごっこの気分
なのかな？　今日は天気もよくなっ
たので、新幹線を見にお散歩に出か
けました。新幹線が通ると手をパチ
パチする友達の姿を見て、カナちゃ
んもパチパチしていました。

　入園式から約半月。新生活も落ち着いてき
た様子が見られます。周囲の友達にも関心が
出てきて、友達の行動を取り入れることがで
きるようになってきました。

連絡ノート12

4月27日
　水たまりで水遊びをするカナちゃん。初め
は自分でピチャピチャやっていた水が顔にか
かると、"イヤー！"な顔をしましたが、途
中から保育者がいくら顔にかけてもパシャパ
シャ続けるカナちゃん。お部屋では、男の子
から"スキ、スキ"とアタックされ、嫌がる
カナちゃんでした。

4月28日
　（中略）男の子（アキオくんとマサヤくん）
はカナちゃんに興味があるようで、「チュー」

とか言いながら追いかけ回します。カナちゃ
んはいつも保育者のところに"助けてー"と
駆け込んできます。

5月17日
　（中略）最近では、嫌なのか何なのかわか
りませんが、アキオくんにチューされると自
分からも口をつけるのに、保育者に泣きそう
な顔で"助けてー"と訴えたりします。自分
からチューしているのになーと思いながら、
よしよししてあげています。

　気候が暖かくなり、水遊びもはじまりまし
た。新入園の男の子たちはカナに興味をもっ
たようで、かかわりを求めています。ここで
は、保育者も交えてかかわり合いを楽しんで
いる様子を読み取ることができます。

　しかし、気になった子へのかかわり方は多
様で、たたいてしまったり、おもちゃを取っ
てしまったりする子もいます。保育者がゆと
りをもちながら、見守っていくことが大切で
す。

63

連絡ノート13

6月9日
（中略）「先生」とか「おはよう」としゃべるようになり、保育者も驚いています。カナちゃんにいろいろなことを話しかけてみました。「りんご」というと、カナちゃんも「りんご」と言って、指さしたりします。

子ども・対象物・保育者との**三項関係**がすでに成立し、語彙が急速に増える時期にきていることを伝えています。かかわり方が徐々に変わりつつあることを物語っています。

連絡ノート14

6月13日
あいにくの雨だったので、お部屋で小麦粉粘土遊びと風船遊びをしましたが、カナちゃんはまったく興味がないようで、自分の好きな青い熊ちゃんを大事に抱えて話しかけたりしています。一人の世界を楽しんでいました。

6月28日
お友達がオムツ替えをし、保育者がちょっと床にオムツを置いておくと、それを拾いトイレに捨ててきてくれました。「カナちゃん、ありがとう。助かるよ！」と声をかけると、うれしそうに笑っていました。

保育者は無理に集団に誘うのではなく、一人の世界を大切にしています。子どもは一人の世界を保障してもらっているからこそ、友達や保育士のしていることにも関心をもち、様子を観察したりしているのでしょう。そして、よかれと思った行動をするようになったのではないでしょうか。

モデルとしての保育者

連絡ノート15

12月8日
オガイ先生が「私は誰？」と聞くと、「オーガイ先生！」と返事をします。次に「私は誰？」と聞くと、「私は誰」と言い返します。「私はゴトウ」と言うと、「ゴット先生！」と足を屈伸させて言ってくれました。やっと覚えてくれたなーと思いましたが、もう一度、「私は誰？」「オーガイ先生！」。同じように聞くと、後藤はどうも忘れられてしまい、オーガイ先生になってしまいます。保育者の名前を知ったカナちゃんです。

12月21日（家庭より）
最近、お友達の名前がたくさん出てきています。マーくん、タカちゃん、ナッちゃん……。以前は恥ずかしそうに名前だけを言っていたのですが、「マーくん、こっちだよ」など先生のまねをしているようです。ほかにも「ハジマルヨ。ハジマリー。ハジマリー」「コケコッコー。アサデスヨ」「パッチイン、オサキー、イタダキマス」などと楽しそうに言っています。

保育所での生活も1年を迎えました。保育者が友達の名前を言っているのを聞いて覚えていくのでしょう。担任保育者の名前、友達の名前もたくさん覚えたようです。名前だけでなく、保育者が集団での活動時に言っている言葉も出てきています。

子どもは保育者が大好きなのです。このように幼い時期から子どもは保育者をモデルとして言動を覚えていくのでしょう。

連絡ノート16

12月26日
　カナちゃんが鼻汁を出していたころに比べると、とてもお顔がすっきりしてきました。そこで、「カナちゃん！　お顔の張りがだいぶいいね」と話すと、カナちゃんはほっぺに手を当ててこすりました。「いいねー」とタイミングよい返事で大受けでした。

保育者が言っていることを理解しているのでしょう。「大受け」という言葉から、保育者も楽しんで生活をしたり、子どものことをかわいがったり、おもしろがったりしている様子が伝わってきます。このような保育者の子どもを思う気持ちを子どもは敏感に感じ取っているのです。

しつけのはじまり

連絡ノート17

12月27日
　（中略）今日は散歩に出かけました。途中階段があって、「危ないから後ろ向きで降りようね」と誘いました。でも、正面を向いて大人と同じように下りたがったので手間取ってしまいました。がんばりました。

保育者は子どもの「我を張る」姿も認め、見守っています。大人と同じように「自分で」とやりたがる時期でもあります。自己主張も徐々に激しくなる子どもの発達段階を理解しながら援助をしている様子がわかります。

2歳児クラスに進級後は、帰宅後「○○先生にしかられた」と言うことが多くなってきます。自己主張が激しくなり、給食中に歩き回るなど生活習慣上、好ましくない言動も見受けられるようになってくるからです。保育者はその都度、子どもが納得するような理由を加えて注意を促します。子どもにとってみれば自己主張と自己抑制の**葛藤**の場面ですが、人間らしく発達していくために必要な葛藤です。

ただし、それは0・1歳児クラスのときに子どもと保育者の信頼関係が成立しているからこそ自己主張も可能になり、保育者もしつけの場面では遠慮なく注意を促すことができるのです。

Lecture 6

3歳児
保育者が居場所
―― ものを「欲張る」ことにも意味がある

新入園児のミズホが保育者と信頼関係を築き、自分の力で行動していく過程を、担任保育者のエピソード記録を通して考えていきます。

ミズホの家族構成

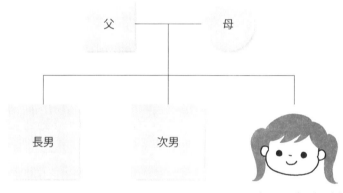

二人の兄の在園中にミズホが誕生。乳児期より兄の登降園の際、母親と一緒に幼稚園に来ていた。そのため他児よりも園に慣れており、入園直後から砂場など勝手知ったる場所で遊ぶ姿が見られた。

気になる
ものを欲張る姿

 エピソード1 | 5月上旬

4月より小麦粉粘土をとても気に入り、私のところへ「小麦粉粘土で遊びたい」と言ってくる日が続いた。

この日もクローバーを摘んだあと、実習生に小麦粉粘土を作ってもらっていた。ミズホは何かを作るというよりも、自分の手元にたくさんの小麦粉粘土を確保し、他児の様子を見ながら触っているだけだった。他児は団子やピザなどできた物を箱に入れて持ち帰るが、ミズホは手元にあるたくさんの小麦粉粘土をビニール袋に入れて持ち帰る日が続いた。

 担任は「ミズホは小麦粉粘土を楽しんでいるのか」「なぜ量にこだわるのか」と、ミズホの姿が気になりはじめたようです。

みなさんは小麦粉粘土で遊んだことがあり
ますか。

小麦粉粘土は、小麦粉と水、塩、食紅を混
ぜ合わせて作ります。簡単に作れるうえ、基
本的には口に入れても安全なので、幼い子ど
もでも楽しむことができます。作品の保存は
できませんが、食べ物のイメージを抱きやす
い香りと滑らかな感触が魅力的な粘土です。

子どもにとっての小麦粉粘土の魅力は、作
品を作るというよりも感触を楽しんだり、触
ることで心を安定させたりできることかもし
れません。入園間もない子どもにとっては、
体験したことのない魅力的な素材であると同
時に、遊びが見つからない子どもにとっては
心のよりどころにもなるのではないでしょう
か。

また、一つのテーブルを囲んで粘土の心地
よさを共有していくうちに徐々に名前を覚え、
友達になっていくというケースも少なくあり
ません。

よく同じハンカチを持っている子ども同士
が「同じだね」と言いながら顔を見合わせて
微笑んでいる姿を見かけます。このようなと
ころから友達になっていくのでしょうね。

みなさんも、たとえば「同郷である」「同
じ部活だった」など共通項を見つけるところ
から友達付き合いがはじまるといった経験は
ありませんか。また、楽しさや苦労を共有す
ることで結びつきが深まるという経験もある
と思います。友達になっていくきっかけは、
子どももみなさんも違いはないのかもしれま
せん。

エピソード 2 ｜ 5月中旬

ミズホの色水作りは他児とは違う。他児は
1つのプリンの空き容器に水を入れ、ていね
いにチョークをこすり、自分の納得する色が
できると、家に持ち帰るためにフィルムケー
スやビニール袋に入れる。それから次の色水
へ挑戦する。濃く鮮やかな色を出すために水
の量を減らすなど、徐々に工夫する姿もこの
時期から見られる。

一方、ミズホは3つのカップを手元へ置き、
ほとんど色がついていないカップを指さして、
「せんせい、入れて」と言ってくる。片づけ
の時間には、大人ですら両手に持ちきれない
ほどの色水入りフィルムケースができた。「お
土産たくさんできたね」と私が声をかけても、
ミズホはにこりともしなかった。

担任は、小麦粉粘土も色水も量にこだわるミズホの気持ちを理解することが難しいようです。

保育者は「本気で子どもと付き合おう」と思い、子どもと接します。子どももまた本気で付き合ってくれる人かどうかをつねに確かめているのです。津守（1987）は、「子どもが望むならば、いつまでも一緒にいていいのだよという気持ちで、ゆっくりと子どもとともにいると、子どもは心を開いてくれる。」（p. 118）と述べています。

子どもにとって、信頼している保育者が自分の後ろから支えになってくれることは、大きな安心感になるはずです。Lecture 4 でも述べましたが、「安全の基地」（本書p. 38参照）としての親が後ろにいてくれるだけで、初めて訪れた砂場でも一人で安心して遊ぶことができます。子どもはこのような「温かい眼差し」のなか、毎日の生活を繰り返すことで安定した人間関係の基盤を育んでいきます。

一方、子どもの存在を後ろから支えるのではなく、（時には必要な場合もありますが）子どもの前に立って子どもを前へ引っ張っていくことは、子どもの自由感を奪い、保育者の言うとおりに行動する、いわゆる「指示待ちの子」に導いてしまう危険性をはらんでいます。

保育者側の願いを押しつけるのではなく、子どもの思いに沿ってゆっくりと生活していくことで、信頼関係を徐々に築いていけるのです。

『幼稚園教育要領解説』には「教師は、幼児の発達の過程を見通し、具体的なねらい及び内容を設定して、意図をもって環境を構成し、保育を展開しなければならない。」（p. 116）としたうえで、「幼児が行っている活動の理解者」「幼児との共同作業者」「憧れを形成するモデル」「遊びの援助者」（pp. 116–117）など、教師のさまざまな役割が記されています。さらに次のようなことも述べられています。

このような役割を果たすためには、教師は幼児が精神的に安定するためのよりどころとなることが重要である。幼稚園は、幼児にとって保護者から離れ、集団生活を営む場である。幼稚園での生活が安定し、落ち着いた心をもつことが、主体的な活動の基盤である。この安定感をもたらす信頼のきずなは、教師が幼児と共に生活する中で、幼児の行動や心の動きを温かく受け止め、理解しようとすることによって生まれる。その時々の幼児の心情、喜びや楽しさ、悲しみ、怒りなどに共感し、こたえることにより、幼児は教師を信頼し、心を開くようになる。（p. 117）

つまり、保育は子どもが安心して過ごすことができるように、子どものありのままを受け入れ、一人一人のよさを認め、子どもの思いに共感するところからはじまるのです。

やったね！
初めて気持ちを共有

エピソード3　6月上旬

ミズホと私は砂場で一緒に山を作りはじめた。ミズホはカップに入った水を少しずつ山にかけ、私には山を固めるように言った。途中からリカも参加したが、ミズホはリカをまったく気にしていない。隣で別の山を実習生とともに作っていたヒロコは、ミズホの山の高さをしきりと気にしていた。

ある程度の大きさの山ができると、ミズホは「せんせい、トンネルつくろう」と言ってきた。リカもトンネル掘りに加わり、リカと私のトンネルがつながった。私の指先を感じた瞬間、リカはにっこり笑った。ミズホは、「ミズホちゃん、トンネルつながったよ」という私の声をまったく気にしない様子で掘り続けた。

ついに私のトンネルとミズホのトンネルがつながった。私が手を入れたまま、「ミズホちゃん、トンネルつながったよ。穴、のぞいてごらん」と言うと、ミズホはトンネルをのぞいたあと、自分の手を伸ばし、私の指先に触れた。ミズホはにこりと笑った。じっくりとミズホにかかわったのは、このときが初めてだった。

ミズホと担任の関係が変化した瞬間ではないでしょうか。言葉には出しませんでしたが、「やったね！」といううれしい思いを共有する、つまり共感することができたということです。

担任は、「じっくりとミズホにかかわったのは、このときが初めてだった。」と加えています。今までもミズホの遊びに加わっていましたが、場所と時間をともにしていただけで、ミズホの思いが何もわかっていなかった自分に気づきます。

小麦粉粘土や色水は、ミズホが本当にやってみたい遊びだったのだろうか。ミズホ側から実践をとらえ直してみようと思うきっかけとなったようです。

子どもが「今」を意味あるものとして生きるようになるとき、子どもの遊びは充実し、自分自身の世界を開いて活動します。このように遊びや生活のなかで充実する姿は、自己実現した人の姿と重なります。

マスロー（Maslow, A. H., 1943）は、人間が生物学的な満足や安全、社会的、個人的な必要な欲求を満たしたあと、達成することができる唯一のものと自己実現を説明し、さらに自己実現した人たちの特徴について「自分自身や他者を自然にあるがままに受け入れる」「自然で、のびのびしている」「自主的である」「独創的で創造的な才能がある」などを示しています。

つまり、心身の安全や安定など基本的欲求が満たされたうえでしか、充実した遊びや生活を送ることはできないのです。そして、その姿は自然でのびのびとしており、自ら創造的に遊びや生活を繰り広げていくのでしょう。

図表6-1　マスローの欲求階層

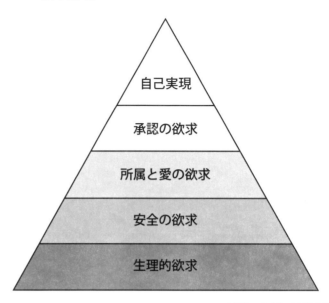

出所：Goble, 1970/1972を参考に著者作図

私だけの先生

　雨天にもかかわらず、ミズホはレインコートを着てこなかった。「ミズホちゃん、外で遊びたくなったら特別なカッパを作ってあげるね」と登園時に伝えた。
　他児がレインコートを着て戸外に散策に行くと、ミズホは「カッパ、つくって」と言ってきた。ピンク色のビニール袋で作った簡単なレインコートを着せてあげると、うれしそうだった。園庭を一周し、枯れ葉の詰まった雨どいから勢いよく落ちてくる雨水を頭に受けて感触を楽しんでいた。降園時にはそのレインコートを着て帰った。

　ミズホは特別にレインコートを作ってもらうことで、担任との強い結びつきを感じたのではないでしょうか。3歳児にとって、担任は確かに「みんなの先生」ではありますが、「私だけの先生」という感覚をもてる出来事が心の安定を生むように思います。その兆しを担任も感じているようです。

70

Lecture 6　3歳児　保育者が居場所

友達とつながる

エピソード5　9月上旬

　おやつのあと、ミズホは「むしとりに、いこう」と私を誘った。しかし、ミズホと園庭へ出ようとするたびに服が濡れた子がやってきて、なかなか外へ出ることができない。「先に、虫捕りに行って」と伝えたが、ミズホは男児3名と一緒に捕虫網や虫かごを準備し、子ども同士で話しながら私を待っていた。自然発生的に集まったようだ。1学期だったら、「せんせい、はやく。せんせい、はやく」とせき立てられていただろう。

　ようやく4人の子どもたちとともに虫捕りを始めた。私が最初に捕ったバッタを「ミズホちゃん、ずっと待っていてくれたからあげるね」と虫かごに入れると、ミズホは素直に受け取った。次に捕れたコオロギは男児に渡した。ミズホは欲しがる素振りもなかった。
　「とれたー」というミズホの大きな声が聞こえた。シジミチョウを自分で捕まえたのだ。一人の男児が「せんせい、きて」と言いながら、私の手を引っ張りミズホのところへ導いた。私はミズホのシジミチョウを虫かごに入れた。しばらくして、またミズホはシジミチョウを捕まえた。次は別の男児が手伝い、シジミチョウを虫かごに入れた。

　夏休み明けの生活がはじまりました。待つことができるようになった子どもたちの姿、友達と話をしたり、友達の姿を見ながら自分が何をしたらよいのかを考えたりする姿を、担任は1学期の姿と比較しながらみているようです。

　虫捕りに出かける前、ミズホと3名の男児が落ち着いて待つことができたのは、担任がかならず虫捕りにきてくれるという安心感があったからではないでしょうか。子どもと担任の信頼関係が成立しているからこそ、遊びへの見通しをもつことができたのです。
　また、担任を中心に遊びを展開していますが、4～5月のように担任と一対一の結びつきを求めているのではなく、担任を中心に子ども同士が助け合い、かかわり合う様子が見られます。このような状況のもと、友達のやっている遊びをおもしろく感じたり、いろいろな方法でかかわってみたり、友達のよさに気づいたりしながら、徐々に人との結びつきが保育者から友達へ変化していくのでしょう。

こだわりをもって遊ぶ

エピソード 6 | 9月上旬

　　ミズホは目の粗い捕虫網が気に入っている
ようで、いつもそれをもってチョウを追いかけ
ていた。この日はエリコも、ミズホと私と
一緒に虫捕りをはじめた。

　　私は最初に捕まえたシジミチョウをエリコ
の虫かごに入れた。次に捕まえたシジミチョ
ウをミズホの虫かごに入れてあげようと持っ
ていくと、ミズホは「いらない」と小声で言
った。私が捕まえた虫を誰がもらうかでトラ
ブルになることも多いが、今のミズホはシジ
ミチョウをたくさん捕ることに執着していな
いことがわかった。

　　捕虫網や虫かごの隙間から逃げてしまうこ
ともあったが、ミズホは自分で捕まえること
に喜びを感じているようだった。数ではなく、
自分で捕まえた特別なシジミチョウだけをそ
っと虫かごに入れたかったのだ。アゲハチョ
ウやトンボなどほかの虫には目も向けず、シ
ジミチョウだけを追い続ける姿にミズホのこ
だわりを感じた。

　　ミズホは、自分で捕まえた特別なシジミチ
ョウを虫かごに自分で入れることに意味を見
出しています。このように、自分なりのこだ
わりをもって遊ぶことは、主体的かつ創造的
に生きているということです。自己実現をし
ている姿に近いものを感じます。こだわりを
もつことは遊びを深めていくと同時に、主体
性を確立していく基礎となることを見逃して
はいけません。担任自身も、ミズホの遊びの
質の変化とミズホ自身の変化を感じています。

　　幼児教育では、教育内容にもとづいた計画
的な環境で子どもが主体性を十分に発揮し展
開する遊びや生活を通して、子どもの発達を
促すことを重視しています。

　　では、「主体性を十分に発揮する」とは、
どういうことなのでしょう。いろいろな考え
方があると思いますが、ここでは「自分が自
分自身の主人公になること」としておきまし
ょう。もちろん発達段階が違えば、それだけ
ではありません。

　　「自分が自分自身の主人公になる」には、
まずは何かを感じ取り、心を動かすところか
らはじまります。そして、どのように自分が
かかわりたいのかが明確になり、実際の行動
に移ります。そういった子どもの姿を私たち
は、「夢中になる」とか「没頭している」と
いった表現をします。

　　もちろん対象とのやり取りのなかで、目的
は徐々に変化していくかもしれません。いわ
ゆる「遊びの発展」です。そこには、環境の
構成者としての保育者のかかわりは欠かせま
せん。しかし、よかれと思って環境の再構成
をしたからといって、かならず夢中になった
り、没頭したりするとはかぎりません。なぜ
なら、何かを感じ取ったり、心を動かしたり
するのは主体である子どもだからです。

　　つまり、「自分が自分自身の主人公になる」
ためには、何かを感じ取ったり、心を動かし

たりすることが不可欠なのです。そのために
は自由な雰囲気と時間が保障されなければな
りません。また、「主体性を十分に発揮する」

保育者の学び

> 私は、ふと「ミズホは今どんな遊びをして
> いるのだろうか」と、ミズホが見えていない
> 自分に気づき不安を感じた。ミズホの様子を
> 遠くから見守ると、友達と一緒に砂場で遊ん
> でいた。ミズホは友達とのかかわりのなかで
> 自分の世界をもって生きている。私がミズホ
> のことが見えないのではなく、ミズホが私を
> 必要としていなかっただけだ。いつの間にか、
> 「気になる子」が「気にならなくなった」のだ。
> 1学期、小麦粉粘土や色水をたくさん欲し

保育者としては当たり前のことかもしれま
せんが、子どもの要求に応じ、手をかえ品を
かえ、その場その場で試行錯誤することで、
子どもの気持ちが見えてくるのです。表面的
に遊びを見ていたら、子どもの気持ちを理解
することはできません。

試行錯誤に要する時間はけっして無駄では
なく、子どもとともに保育者の発達につなが
ると考えることができます。結果をすぐに求
めるのではなく、日々の営みを大切にするこ
と、子どもを大切に思う保育者の気持ちが子
ども理解につながっていくのです。

津守（1987）は「子どもとの生活の中に投
げこまれているというのは、そこから逃れら
れないという受動性だけでなくて、その中で

とはどういうことなのかを問い続ける保育者
の存在が必要なのです。

10月下旬、担任は下のようなことを保育日
誌に記しています。

> がったミズホは、ものを欲張りたかったので
> はなく、私と一緒にいる時間や私のミズホに
> 対しての気持ちを欲張りたかったのかもしれ
> ない。欲張る姿の背景にあるものは、それぞ
> れ違うということについてミズホを通して学
> ぶことができた。
> また、このような私の子どもの見方の変化
> がミズホやほかの子どもたちの変容のきっか
> けになったのかもしれない。

おとなも人間として主体的に生きるという能
動性が開かれていることを意味する。」
（p.119）と述べています。

子どもに寄り添うということは、保育者が
自分の考えを捨てて子どもの思いに沿うとい
うことではありません。保育者は自分の考え
をいろいろな方法で子どもに表現しながら子
どもの世界に耳を傾けていきます。その意味
で保育者も主体的に生き、能動性を発揮して
いくことが求められています。

子どもの行為が子どもにとってどのような
意味をもつのか、じっくりと考える保育者の
姿勢こそが、子どもと保育者の信頼関係を築
いていく基礎となるのです。

4歳児
自己主張と自己抑制
―― 幼児期の「なかよし」とは？

　仲間とのかかわりのなかで葛藤する4歳児ユウタの自己形成過程を中心に、子どもたちが経験する葛藤や自己主張と自己抑制の姿や、友達のよさや自分のよさに気づいていく姿を新人保育者の記録から見ていきます。

プロフィール

2年保育　年少組

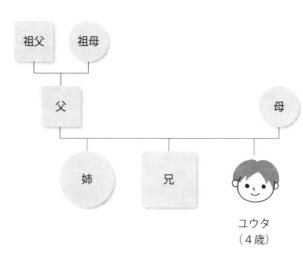

ユウタ
祖父母、両親、姉、兄の7人家族。最年少のユウタは家族全員から愛情を受けている。

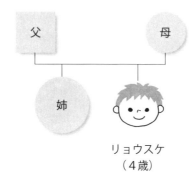

リョウスケ
両親、姉の4人家族。姉はこの幼稚園の卒園児で、リョウスケは母親と姉と一緒に毎日、登園していた。4月生まれのうえ幼稚園のことをよく知っており、入園当初から自分の居場所や遊びを見つけて安定した日々を送っていた。

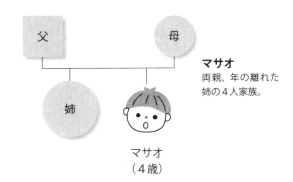

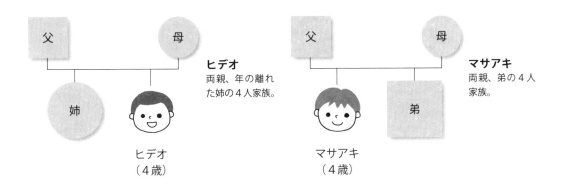

ここでは、保育者の記録した典型的な43のエピソードを分析し、入園からの約1年間を仲間関係という視点から4期に分けました（図表7-1）。

各期のエピソードを1つ挙げ、その時期の子どもの姿を解説していきます。また、エピソードに合わせて仲間関係の構造をグラフ化したソシオグラムを示しますので、エピソードとともに変化をみてください。

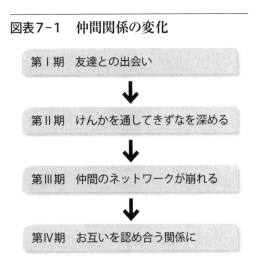

図表7-1　仲間関係の変化

第Ⅰ期　友達との出会い

第Ⅱ期　けんかを通してきずなを深める

第Ⅲ期　仲間のネットワークが崩れる

第Ⅳ期　お互いを認め合う関係に

第Ⅰ期　初めての集団生活

エピソード 1 | 4歳児　7月初旬

前日よりリョウスケがプールに入りはじめた。自転車を走らせる順番が変化した。一方、プールに入らない日はないというほど水遊びが好きなユウタが、今日に限ってプールに入らなかった。

朝から「せんせい、じてんしゃにのろう」と何度も誘ってきた。ユウタ、シュン、ヒデオの順番で自転車を走らせていた。

途中、シュンがユウタに殴られたことを訴えてきた。「ユウタくん、どうしてパンチしたのかな？」と私はシュンに思い当たる点がないか聞いてみた。

「ぼくがユウタくんをおいぬいて1ばんになったから、パンチした（パンチしてきた）」

「そんなのおかしいよね。シュンくんだって1番になりたいよね」と私が言うと、シュンはうなずいた。

シュンと一緒にユウタのところへ行き、「シュンくんにパンチしたんだって？」と尋ねると、ユウタは「していないよ」と、いたずらっぽく笑いながら答えた。

「うそ。パンチしたって顔に書いてあるよ」

「だって、ぼく、1ばんになりたかったんだもん」

「シュンくんだってヒデオくんだって、1番になりたいんだよ」

「ぼく、どうしても（1番に）なりたいんだもん」

「シュンくんもヒデオくんも同じ気持ちだよ」

「じゃあ、シュン、あした1ばんにしてあげる」とユウタが言うと、シュンは納得のいかない顔をしながらもうなずいた。

「明日じゃなくて、シュンくんは今、1番になりたいんじゃないかな。交代で1番になるとかできないかな」

ユウタは、「じゃあ、いまから1ばんになってもいいよ。でも、あしたはぼくがなる」と1番をシュンに譲ったので、シュン、ユウタ、ヒデオ、私の順番で走り出した。

しばらく走ると、ユウタはシュンとは別の方向に向かい、ヒデオはそれに従った。シュンは二人がついてこないのでユウタのところへ戻ってきて、ついてくるように声をかけたが、ユウタはついていかなかった。

そして、ユウタは「せんせいもきて」と私も誘った。私が「今日はシュンくんについていく」と断ると、ユウタは突然泣きだし、何度も「きて、きて」と私に向かって叫んだ。

すると、ヒデオがユウタの後ろについて走り、私に向かって「ぼくがついていくから、だいじょうぶだよ」と言ってきた。

二人ともリーダーになりたいようです。シュンは第Ⅱ期以降、自分の思いを聞いてくれる子たちと一緒に遊ぶようになりました。

シュンはユウタの気持ちに気づいています。この時期には、相手にも思いがあることを徐々に理解しはじめ、それを言語化することも可能となります。

ユウタは自分の気持ちを素直に表しています。

自分に都合のいいことを提案するユウタに対して、保育者は「シュンには自分の気持ちを自分の言葉で伝えてほしい」という願いをもちながら代弁しています。

入園当初から、自転車に乗っていろいろな場所に移動するのが彼らの主な遊びでした。リョウスケが自転車仲間のリーダーのようです。

保育者はシュンの気持ちに共感しながら代弁します。自分の思いの意識化を促しています。

ユウタと保育者とのやり取りから、信頼関係が成立していることを読み取ることができます。

ユウタは自分で提案したものの、納得はしていなかったようです。

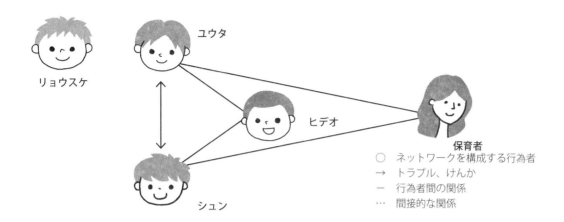

○ ネットワークを構成する行為者
→ トラブル、けんか
― 行為者間の関係
… 間接的な関係

　自転車は、自転車で遊んでいる子たちに近づくための媒体でもあり、乗っているだけでも一緒に遊んでいるかのような感覚を覚えたりすることができます。新入園児にとっては好都合な道具です。

　ユウタはこのころ「一番隊長」（自転車の先頭を走る子のことを子どもたちはこう呼んでいた）にこだわり続けていましたが、友達は自分の思うようには動いてくれませんでした。

　初めての集団生活の場では、家庭とは異なる環境で今までとは違う対人関係を結ばなければなりません。また、順番やきまりなど、待ったり我慢したりしなければならないこともたくさんあります。入園当初の子どもたちは、大人の想像以上にストレスを感じているのではないかと思います。

　7月初旬、自分の思うままに振る舞っているように見えるユウタですが、4〜5月は緊張感とともに、いわゆる「よい子」として振る舞っていたようです。しかし、幼稚園に慣れた6月上旬から、「登園を渋る」「友達をかむ」といった記録も残されています。

　4歳児期の子どもは、「自分のしたいことは何か」という自己意識をもちはじめます。そして、自己を十分に発揮して没頭することができる遊びを見つけるための、試行錯誤しながら探索する時期なのです。

　エピソードのように、思いどおりにならないこともたくさんありますが、多くの子どもとかかわるなかで許してもらったり、わがままに付き合ってもらったりしながら**他者の存在に気づきはじめる**時期といえるでしょう。

第Ⅱ期　けんかを通してきずなを深める

エピソード 2 ｜ 4歳児　10月上旬

5人が保育室でウルトラマンごっこをしていた。リョウスケは少し距離を置いて参加しているようだった。あとの4人は戦いをしていた。マサアキが急に泣き出したので、誰かに殴られたのかもしれないと思い、近くへ行ってみた。するとリョウスケが私のところへ来て、泣いている理由を必死に話してくれたが、興奮しているため理解できなかった。

「どこか痛いところある？」とマサアキに直接聞くと、首を振った。「立てる？」と聞くと、しゃくり上げながら「立てない」と答えた。私がユウタのほうを見ると、「ぼくじゃない」とすかさず言う。マサオも「ぼくじゃない」。

「リョウスケくん、なぜマサアキくんが泣いているのか、もう一度教えてくれる？」

「ユウタとマサオとぼくがウルトラマンをやっていて、ヒデオとマサアキがわるものをやっていたんだけど、ヒデオがわるものをやるのイヤだっていって、ウルトラマンになっちゃったんだよ。それでないている」。リョウスケは真剣な顔で、落ち着いて話してくれた。

「そうだよね。一人で悪者になるなんて悲しいよね。もしマサオくんがそうなったらどう思う？」

「それはそれとして……」

「しっかりと答えて！　ユウタくんはどう思う？」

「ぼくはいやだ。こんどはマサアキくんとヒデオくんとリョウスケくんがウルトラマンやって」とユウタは提案した。

マサアキは泣きやみ、再びウルトラマンごっこがはじまるが、今度は悪者のほうが元気よく優勢で、先ほどのウルトラマンごっことは、ちょっと違う流れになった。

保育者が感じ取ったことを記述しています。あくまで感覚的な表現ですが、リョウスケの微妙な思いを想像する助けとなります。ここからリョウスケはウルトラマンごっこに没頭していないことがわかります。

たとえば、「リョウスケのやりたい遊びではない」「自分を中心に遊びが展開されていない」「納得いかない点がある」などが背景にあると思われます。

ユウタはマサアキの立場に立った発言をしています。また、遊びを続行するために、ウルトラマンと悪者を交代することを提案します。マサオと一緒にウルトラマンになったことが楽しかったのでしょう。

ユウタはリョウスケが悪者ではなくウルトラマンになる提案をしました。この発言から、ユウタも少し距離を置いて参加しているリョウスケに気づいていたことがわかります。

4人の様子を客観的に見ており、泣いたマサアキの気持ちにも共感できた部分があったのでしょう。

体の痛いところはなかったようですが、心は痛かったのでしょう。

第Ⅰ期、ヒデオはまわりとの調和を考えて動いている傾向がありましたが、自分の思いを素直に表現できるようになってきました。

保育者はリョウスケの発言に同意し、マサアキの気持ちを代弁します。

さらに、子どもたちにマサアキの気持ちを考えさせる働きかけをします。

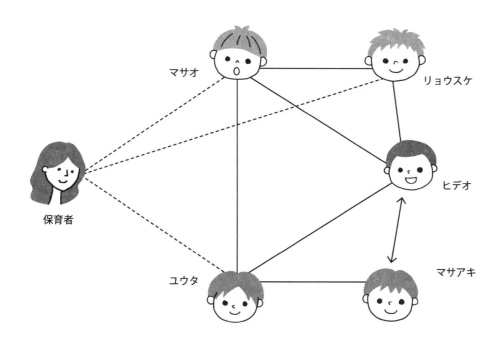

　第Ⅱ期に入り、ネットワークの線の数が増えて複雑に入り組んでいることから、仲間関係が複雑になってきたことが読み取れます。つまり、仲間のなかでいざこざも含めてかかわりが活発になったということです。

　この時期になると、一緒に遊んでいる相手のことが徐々にわかって仲間内での遠慮がなくなり、不本意な状況に置かれた場合は言葉で伝えたり、泣いたり、時には暴力に訴えたりしながらも自分を表現できるようになってきます。けんかをしても仲間関係が崩れないという安心感を一人一人がもてるようになってきたからです。

　エピソードのように、泣いている子に理由を聞くのではなく、まわりにいる子に「なぜ泣いていると思うか」を聞き、相手の気持ちを想像したり、自分の言動を振り返ったりする機会を設けることも大切です。

　最初のうちは子どもだけでは解決できず、保育者が介入することもありますが、子ども同士の相互交渉が自由に展開できる時間と場所を十分用意し、保育者がそれぞれの子どもの代弁者になることで、徐々に子どもたち自身がけんかを解決できるようになってきます。

第Ⅲ期　仲間のネットワークが崩れる

エピソード3 5歳児　4月下旬

朝、マサアキがウルトラマンティガのテープをかけると、そのうち戦いごっこがはじまった。

しばらくしてユウタが「ぼくがティガになりたいといったのに、ヒデオくんもなりたいといってきた」と、私のところへ困った様子でやってきた。

「二人ともティガになるんじゃ、だめなの？」

「だめなの」

「それじゃあ、相談して決めたら？　それでも決まらなかったら、じゃんけんしたら」

「じゃんけんで勝ったほうがティガになることにしよう」と、ユウタのほうからヒデオに提案した。しかし、ユウタはじゃんけんに負けて泣きそうになった。それを見たヒデオが「おれ、ティガ」と宣言した。それに対してユウタが文句を言ったので、ヒデオは「だって、じゃんけん、しただろ！」と強い口調で言い返した。

ユウタはその場に座り、しばらく戦いの様子を見ていた。すると、ヒデオが「二人でティガになろう」とユウタを誘った。ユウタはその言葉に応じ、戦いのなかに入った。

> 保育者は子どもが納得しないことを知りつつも、どうしたいのかをはっきりさせる問いを投げかけています。

> 子どもたちに決め方はゆだねています。

> 納得しないユウタにヒデオは念を押しました。

> ユウタの気持ちへのヒデオの配慮が見られます。不満をもっている友達がいると、遊びも楽しく展開していきません。

第Ⅱ期の終わりごろから、入園以来ずっとリーダー的存在だったリョウスケの立場が少しずつ変化してきました。自分の気持ちを抑えていた子どもたちが、さまざまな方法を用いて表現できるようになってきたからです。仲間関係も不安定な状態が続き、遊びも発展していきませんでした。自己主張が激しかったユウタは、思っていることが言えず、友達に従うことも多くなってきました。自分を客観的に見ることが徐々にできるようになってきたと言ってもよいでしょう。自分のやりたいことをやったり、本当の自分になりきったりしていく、すなわち自己実現していくためには、まずは本当の自分に気づかなければいけないのです。

　エピソード3では以前のように、自分の思いだけで遊びを強引に進めていこうとする姿はありません。また、「自分のやりたいことをしたい。でも友達とも遊びたい」というように、自分と友達との間で葛藤している姿も見られるようになりました。何をやっても中途半端で満足できず、つまらなそうな日々が続きます。

　このようなユウタをヒデオは受け入れてくれました。小さいものや弱いものに対しては優しい一方で、道理が通らないときには屈しない強さももっているヒデオは、ユウタの気持ちを察して受け入れてくれることも頻繁にありました。

　その結果、ヒデオがユウタに対して優位な立場、ちょうどお兄ちゃんと弟というような立場につねに立つことになり、自分の思いを通してもらってもユウタは満足できません。しかし、いじけているユウタを仲間もいつも受け入れることはできず、ユウタは仲間からはずれて別の場所で遊ぶことも多くなりました。ユウタにとって、**他者と自己との間での葛藤**の時期といえるでしょう。

第Ⅳ期　お互いを認め合う関係に

エピソード 4｜5歳児　5月下旬

保育者は、ユウタが自分の気持ちを自分の言葉で伝えてほしいと願っています。

「ぼくが先にのっていたじてんしゃ、ヒデオくんがとった。いっしょにきて」とユウタが私のところへ来た。「ついて行ってあげるけど、ヒデオくんには自分で言うんだよ」と言うと、うなずいた。

ヒデオのところへ行き、「ぼくが先にみつけてのっていたんだから、かえして」と、ユウタは私の手をしっかりと握りながら言った。

「とったもんがち」

「ぼくのほうがさきにとった」

「じゃあ、じゃんけんにしよう」

私は「そんなの、おかしくない？」と言ったが、ユウタは「いいよ」と承諾した。

勇気を振り絞って言ったことがわかります。

保育者は思ったことを伝えています。しかし、ユウタが納得したので二人に任せました。

じゃんけんはユウタが勝ったが、ヒデオは自転車から降りない。ユウタは「ぼくがかったじゃん」と訴えるが、それでもヒデオは降りず、押し問答が続いた。

私は「ヒデオくん、先にユウタくんが乗っていた自転車だし、じゃんけんにもユウタくんが勝ったけど、どう思う？」と、ヒデオに聞いてみた。ヒデオは一瞬考えて「じゃあ、いいよ」と言うと、自転車を倒し保育室へと走っていってしまった。

ヒデオに自分を振り返るきっかけを与えています。

「こんなかえしかたしなくてもいいのにね」。ユウタは落ち着いた口調で言った。私も「そうだね。こういう返され方は嫌だね」と応えた。ユウタはしばらく自転車に乗っていたが、ヒデオのことが気になったのか様子を見に行った。ヒデオはなかなか見つからなかった。もう一度保育室へ戻ると、ヒデオがニコニコした顔で出てきた。「どこにいた？」とユウタが聞くと、「あかぐみ（3歳児クラス）のつくえのしたにかくれていた」。

ヒデオは、自分なりのやり方で気持ちを抑えていたようです。

それからユウタはサッカーをはじめた。ヒデオはユウタに「ゆうた、（じてんしゃに）のっていい？」と聞いた。ユウタは「サッカーやっているからいいよ」と返事した。

サッカーを終えたユウタはふらりと私のところへ来て、「せんせい、すなばでかわをつくってあそぼう」と私の手を引っ張った。ちょうどおやつの時間だったので、「おやつを食べてからにしよう」と提案した。ユウタは私の横でおやつを食べはじめたが、ヒデオの姿を見つけると横に移っていった。

保育者よりもヒデオと一緒にいたいユウタの気持ちが表れています。

82

　7月、ユウタの母親は一学期を振り返って、次のような感想文を書きました。

　7月14日の朝、アゲハがさなぎから蝶になりました。起きてきたユウタに知らせて、二人で「お誕生、おめでとう」と言いました。
　ユウタが食事をして幼稚園の支度を終えるころにはすっかり羽も広がったのに、一向に飛ぶ気配がありません。「おかあさーん、ちょうちょさん、とんでいかないよ」と言うもので、「うん、どうしたんだろうね。まだ、ここにいたいのかな」と応じると、ユウタが話しかけているのが聞こえました。
　「ぼくはもう、ようちえんに行かなくちゃいけないから、ちょうちょさんもはやく行きなさい。きっと、おともだちがたくさん待っていてくれるよ」
　何気ない言葉でしたが、私はうれしく聞きました。"おともだちがたくさん待っていてくれる"、それはきっとユウタがいつも幼稚園に向かうときに感じている、とても素直な気持ちのように思えました。

　ユウタは自分のやりたいことを見つけ、一人でも満足いくまで取り組めるようになりました。遊びでの満足感を得たあと再び仲間の遊びに入ることも多く、また自分の気持ちを素直に出すことができるようになってきました。本当の自分に気づき、感性や意欲を発動し、自己実現へと向かう姿を見ることができます。

　仲間のなかでユウタが本当のユウタになりきる、本当にやりたいことをやれるようになり、やり遂げられるようになる過程が自己形成に至る過程なのです。
　ユウタの仲間関係の変化から読み取れる、彼の自己形成に至る過程を整理してみると、次のとおりになります。

図表7-2 自己形成に至る過程

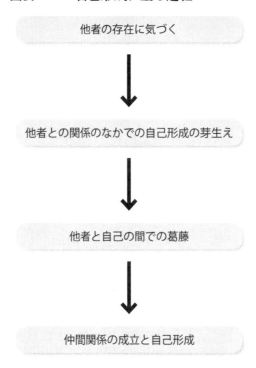

他者の存在に気づく
↓
他者との関係のなかでの自己形成の芽生え
↓
他者と自己の間での葛藤
↓
仲間関係の成立と自己形成

ユウタは入園後、友達の存在に気づき、友達との関係のなかで自己意識が芽生えてきました。さらに友達とのかかわりの過程で葛藤という**危機**を乗り越えて、自己実現へ向かっていきました。このような過程を経て、子どもはさなぎが美しい蝶になるがごとく脱皮し、人格的にも身体的にも一つにまとまり「その子らしく」なっていくのです。

自己概念の形成で、他者と自己の間での葛藤という危機は避けて通れません。また、この危機を乗り越えないかぎり自己形成は難しいでしょう。

『幼稚園教育要領解説』の「教師の役割」という項には、次のようなことが書かれています。

幼児期は自我が芽生える時期であり、友達との間で物をめぐる対立や思いの相違による葛藤が起こりやすい。幼児は、それらの経験を通して、相手の気持ちに気付いたり自分の思いを相手に分かってもらうために伝えることの大切さを学んだりしていく。また、自分の感情を抑え、相手のことを思いやる気持ちも学んでいく。(p.47)

友達とのかかわりのなかで子どもたちが経験する葛藤や自己主張と自己抑制の重要性と、その過程が述べられています。さらに、

幼児は、様々な友達との関わりの中で多様な経験をし、よさを相互に認め合い、友達とは違う自分のよさに気付き、自己を形成していく。(p.48)

と続きます。つまり、友達とのかかわりのなかで友達のよさに気づき、自分のよさにも気づいていくということです。

「自己を形成する」とは、自分のよさに気づくこと、また、自分が得意なことや自分がやりたいこと、なりたい自分を自覚していくことにほかなりません。つまり、自分を「客観的に見ることができるようになること」だといってもよいでしょう。

ソシオグラム（sociogram）について

　J. L. モレノは、人間関係発見のためソシオメトリー（sociometry）という一連の方法を考案しました。彼は、「集団内の相互作用は、人びとが相手に対して抱く感情にもとづいており、この自発的感情による人びとの結びつきが個人の集団内活動と集団発展の基礎となる。」（東ほか, 1973, p. 310）と考えていました。ソシオメトリック・テスト（sociometric test）で明らかになった選択・排除関係を示したものもソシオグラムと呼びます。

　本書では、エピソードに合わせて仲間関係をグラフ化したソシオグラムを示して、仲間関係を視覚化し表しています。このように関係のパターンをネットワークとしてとらえ、構造を記述分析する方法を「ネットワーク分析」（安田, 1997）といいます。
　ネットワークを構成する行為者を点で、行為者間の関係を線で表します。この点と線でつながれたネットワークは、特定の行為者間の関係パターンとしての構造を表すものです。本書では、線は直線、破線（間接的に関係した場合）、→の線（けんかなどのトラブルが生じた場合）を使用しました。

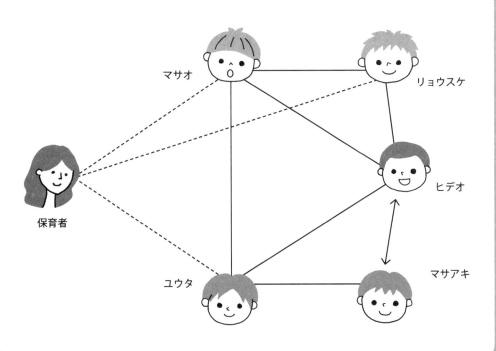

Lecture 8

5歳児
園生活の充実感を支えるもの

園生活の「充実感を味わう」とはどのような姿をさすのでしょうか。5歳児のアキラが夢中になれる遊びを見つけ、友達とのかかわりを深めていく姿を通して考えていきます。

充実感の内実

領域「人間関係」は、**個の育ち**と**共同性の育ち**をめざしています。「幼稚園（保育所）生活を楽しみ、自分の力で行動することの充実感を味わう」というねらいは、「個の育ち」にかかわるものですが、その充実感は一人では得ることができません。つねに「身近な人と親しみ、かかわりを深め」るなかで味わえるものです。つまり、「個の育ち」と「共同性の育ち」は、からみ合いながら育っていくものなのです。

岡本（1994）は「生活の充実感を支えるもの」として、「自分を理解してくれる人」が自分にはいてくれるという実感、自分のあり方や行動が自分一人のなかで終わらずに「他者につながっている」という実感、「自分が成長していっている」という実感、自分なりに熱中できること、自分のやるべきことがあるということ、自分の行為や生活に「誇り」をもてることを挙げています。これらは子どもでも大人でも基本的に変わらないのではないでしょうか。

では、具体的にどのような姿をイメージしたらよいのでしょうか。ここではアキラ（5歳児）の事例をもとに考えてみましょう。

プロフィール

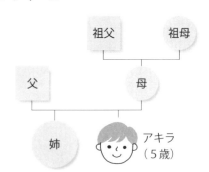

アキラは2年保育の年長で、両親、姉、祖父母の6人家族。父親と祖父が自宅で事務所を開いており、母親は保育所勤務。幼稚園の送迎は父親が担っている。

4月、年長になる

保育者は引き継ぎ時、前任者よりアキラについて「せっかちで、落ち着きのない子。すぐにパニックになり、甲高い声で泣き叫ぶ」ため対応に困っているとの情報を得ました。年度当初の5歳児クラスにおいて、アキラを中心とした子どもたちの様子は、次のようでした。

エピソード 1 | 4月中旬

昨日、ヒロキが自分で描いた紙芝居を帰りの集まりで読んだことをきっかけに、ダイとノブヒロも紙芝居を描き、帰りの集まりで読んだ。多くの子どもが紙芝居の途中で質問をしたり、そのやり取りを楽しんだりしていたが、アキラは「もう、いいからはやくして」と甲高い声で怒鳴った。他児と楽しさを共有できていないのだろう。二人の紙芝居が終わると、何人もの子どもが「あした、ぼくもかく」と言った。しかし、アキラはつまらなそうに窓の外を見ていた。

エピソード 2 | 5月初旬

4月には外に出ることがなかったアキラが、朝の支度をするとすぐにリョウマを追いかけて外へと出ていった。リョウマと遊びたかったようである。

リョウマはエイジとヒロキと一緒に自転車に乗っていた。アキラは3人の後ろを走っていた。見るからに楽しそうで、気持ちのうえでは仲間に入っているかのようだった。しかし、3人がアキラの存在をどのように感じていたのか、私にはとらえることができなかった。アキラはまだ自転車に乗れない。そのため、一緒に遊びたくても仲間に入れないときがある。外で遊ぶことが少ないのも、それが要因となっているようだ。

しばらくすると、エイジの自転車がアキラにぶつかった。ヒロキが、アキラが転んだことを私に知らせに来た。倒れているアキラを見て、リョウマは笑っていた。エイジも何も言わない。アキラはブツブツと一人で文句を言っているが、誰の耳にも届いていない。言わなければいけないところで自分の気持ちがはっきりと言えない。

このようなアキラの姿を保育者は、「たしかに今のアキラは、せっかちで落ち着かない部分もある。思っていることをブツブツと言ったり、甲高い声で自分を必要以上に主張したりして、思いが相手には伝わらない。友達への思いはあるものの楽しさを共有するまでには至っていない」と、前任者の情報を確認するとともに、「これらの表れは、いつも何かに不満をもっており、充実感を味わえるような生活を送っていないせいではないか」と、もう一歩深まった理解をしようとします。

つまり、保育者から見て都合の悪い表れを

改善するのではなく、その背後にある不満を取り除かなければ、園生活の充実感は味わえないと考えたのです。その不満がどこから来るものなのかを理解するために、先入観をもたずにアキラとかかわるところから始めようと考えました。

『幼稚園教育要領解説』には、次のようなことが書かれています。

幼児は周囲の人々に自分がどう見られているかを敏感に感じ取っており、よき理解者としての教師の存在は大きい。自分に愛情をもって温かい目で見守ってくれる教師との生活では、安心して自分らしい動きができ、様々な物事への興味や関心が広がり、自分から何かをやろうとする意欲や活力も高まる。そして、一人一人のよさや可能性を見いだし、その幼児らしさを損なわず、ありのままを受け入れる教師の姿勢により、幼児自身も友達のよさに気付いていくようになるのである。(p.175)

ほかの保育者からの情報は、子どもを理解するうえで貴重なものですが、それがすべてではありません。先入観をもたずに子どもとかかわり、ありのままを受け入れ理解していくことが重要です。

保育者とつながる

エピソード3 | 5月中旬

お弁当のあと、ヒロキが自転車で転んだことを、アキラとリョウマが走って伝えに来た。保健室に行くまでもないようだったが、二人ともとても心配しているようだった。心配ないことがわかると、リョウマはヒロキの肩をたたき、「ヒロキ、あそぼう」と誘った。アキラは「おれ、ブイモン」と言いながら二人を追いかけていった。

片づけの時間、砂場で穴の中にたまっている水に手を入れ、感触を確かめているアキラがいた。そばには誰もいない。私も横に座り、「その穴、アキラくんが掘ったの？」と聞いた。アキラはそれには答えず、近くに置いてあったザルを穴の中に入れ、水がしたたり落ちるザルを見せてきた。そして「きのう、しらないあいだにぬけたんだよ」と、歯が抜けたことをうれしそうに言った。落ち着いた口調に、アキラとの心地よい時間を感じることができた。

保育者はアキラのありのままの姿を受け止め、アキラの側に立ちながら、困っているのはアキラのほうであると考えて寄り添おうとしています。愛情をもって温かい目で見守る保育者の存在をアキラは徐々に感じ取り、心を開きはじめました。

Lecture 8 | 5歳児 園生活の充実感を支えるもの

他者の思いに気づく

エピソード4 | 5月下旬

　昼食時、タクヤに殴られてアキラが泣いた。タクヤに殴った理由を聞くと、「アキラがシュンスケをなぐったから」と言う。シュンスケとダイゴも来た。アキラはシュンスケを殴った理由について、サッカーのチーム分けで、シュンスケのほうが9人、アキラのほうが二人で不公平だからだと訴えた。私はアキラの気持ちを他児に伝えたうえで、アキラに対しては「気持ちはわかるが、殴ることはよくない」と話した。シュンスケも殴られたことについて文句を言いはじめた。

　すると、会話を聞いていたダイゴが「本当はアキラもシュンスケのチームに入りたかったんだろ」と言った。アキラはうなずいた。「そうか。じゃあ、どうしよう」と私が聞くと、「じゃんけん。グーとパーできめよう」とダイゴが提案した。「でも、シュンスケのほうへみんないく」とアキラは消極的だ。たしかに、シュンスケがじゃんけんの前に「おれのチーム、パー」などと言い、実質的にはじゃんけんが成立していない。

　ここでは、ダイゴがアキラの思いに気づき、それを言葉にしています。また、アキラも素直に気持ちを認めています。ダイゴは3人の会話を聞きながら、それぞれの思いを感じ取っていたのでしょう。保育者も子どもの成長を感じたのではないでしょうか。

　自分の思ったことを相手に伝えるとともに、相手の思っていることに気づくことは、この時期の子どもたちにとって重要な経験です。そのためには、保育者は子どもが友達と一緒に生活するなかで、自分の思っていることを相手に伝えることができるようにすること、そして相手にも思っていることや言いたいことがあることに気づいていけるような体験をさまざまな場で時間をかけて醸成していくことが大切なのです。

問題状況を
解決しようとする姿

エピソード 5 | 6月中旬

アキラが3歳児の保育室にあるままごとコーナーのロフトで、小型のフライパンを頭上に上げた拍子に蛍光灯を割ってしまった。3歳児クラスの担任から私を呼んでくるように言われたのに、隣のクラスの担任を呼びにいったという。私に事実を知られたくなかったようである。

ふざけていて割ってしまったことよりも、事実を隠そうとすることが悪いと伝えると、「おとうさんには言わないで」と泣いて訴えた。やはり父親が怖いのだろう。「お父さんには蛍光灯を割ったことは伝えるよ。でも、アキラくんを怒らないようにって言うから大丈夫。それより、やってしまったことを隠すほうがもっとよくないと思うよ」と話した。

降園時、私が父親に伝える前に、アキラは泣きながら出来事を伝えた。父親は「また、やったのか」と怒鳴り、「先のことを考えて行動しろ」「雨の日はいつもこうだから、幼稚園に来るのやめるか」とアキラに言った。

また、私には「ほかの子に怪我はなかったでしょうか」と尋ね、ずいぶん心配していた。私は、アキラへ伝えたこと、そしてアキラが自分から父親に伝えることは勇気のいることだったのではないかと、アキラの成長ぶりを伝えた。

翌朝、私が遊戯室の振り子時計の時刻を合わせていると、「何してる?」とアキラがやってきた。「時間を合わせて、ねじを巻いているんだよ」と教えると、「へー」と少し間を置いて、「せんせい、きのうはごめんね」と言った。

失敗や自分に都合が悪いことは、大人であっても隠したいと思う気持ちがあるのではないでしょうか。人は、他人のもつ自分のイメージをよくしたいと思うものです。なぜなら、だれもが自己愛をもっているからです。自己愛というのは、他者という存在を介して自分に向かう愛だと考えてもよいでしょう。つまり、他者を鏡として自己を映し出しているので、自分の悪い部分は見たくないのです。

幼い子どもは、自分に都合が悪いことを隠そうとはしません。いわゆる「知恵がついてくる」と、都合の悪いことを隠そうとします。これは自我の発達とも関連しているものだと思われます。

失敗をしない人間などいません。大切なのは、失敗したときにどのような行動をとるかということではないでしょうか。その人の人間性が問われているのです。アキラは最初、自分の失敗を隠そうとしますが、自分から父親に事実を告げます。自分で自分の行動を選択したわけです。このような体験の積み重ねが問題状況を自ら把握し、解決していく力になっていくのです。

父親はアキラを厳しく注意しますが、他児のことを気遣います。保育者は、厳しさのなかにも周囲への気遣いや優しさをもち合わせ

た父親の一面を見て、安心したことでしょう。また、このような父親の姿を見ながらアキラは育っていくと確信したことと思います。

自分の力で行動する

エピソード 6 ｜ 6月中旬

私が保健室にいるとアキラが来て、リョウマが林のなかを通っているアンツーカーの道で転んだことを伝えてくれた。そのすぐあと、リョウマは自分で保健室に来た。知らせてくれたことに対してお礼を言おうと、アキラのところへ行ってみた。アキラは補助輪なしの自転車にまたがり、地面を蹴っていた。「アキラくん、手伝おうか？」と言ってみたが、それには応えなかった。私は一人で挑戦してみたいのだろうと思い、見守ることにした。

「見守る」という言葉から、保育者が自分から動きはじめたアキラの様子を感じ、アキラの行動や思いをありのままに認め、期待していることを読み取ることができます。『幼稚園教育要領解説』には、次のようなことが述べられています。

生活の様々な場面で自分なりに考えて自分の力でやってみようとする態度を育てることは、生きる力を身に付け、自らの生活を確立していく上で大切である。そのためには、まず自分がやりたいことをもち、自分から興味や関心をもって環境に関わり、活動を生み出すことが大切である。さらに、その活動を楽しみながら展開し、充実感や満足感を味わう中で、次第に目当てをもったり、自分の思いが実現するように工夫したりして、そのような課題を自分で乗り越えることが極めて大切である。(p. 169)

自転車は「乗れる・乗れない」がはっきりとしています。みなさんも自転車に乗れるまでのことを思い出してみてください。それなりに練習と勇気が必要ですよね。アキラも「自分の力でやってみよう」と思ったのでしょう。最初いくら練習しても乗れませんが、あるとき突如乗れるようになるのが自転車です。アキラは夢中になれる遊びが次第に見つかったようです。

夢中になる遊び

エピソード 7 | 6月中旬

フェルトを縫い合わせて綿を入れた、10〜12cmくらいのぬいぐるみを作ることが流行している。アキラも数日前から作っていた灰色のウサギのぬいぐるみが完成した。

アキラは外にいる私のところへ来て、そのウサギを見せながら「せんせい、できた。このウサギ、あしをともだちにけられて、ほうたいをまいているんだ」と片側の白い足のことを説明してくれた。「こうすると、マントでとべるんだよ」と背中のマントを持ち上げ、うれしそうに笑う。一針一針ていねいに縫っていたことを、針仕事にかかわっていたU先生から聞いていたこともあり、アキラの思いが伝わってきた。

そして、「リョウマくんもにんぎょうつくっていたから、いっしょにあそぶんだ」と私に言い残し、保育室のほうへ戻っていった。やはりアキラはリョウマに憧れており、一緒に遊びたいと思っているようである。

私が保育室に戻ると、アキラはリョウマのほか二人の男児とモザイクパズルをやっていた。昼食の支度をしているとき、アキラに「リョウマくんに『人形で一緒に遊ぼう』って誘った？」と聞くと、「ううん」と言った。一緒にいたのに言えなかったようである。

しばらくして、アキラは「リョウマ、にんぎょうであそぼう」と声をかけたが、リョウマは何も言わなかった。私はリョウマをもどかしく感じたが、ここでは見守ることにした。

翌日、リョウマは自分で作ったぬいぐるみを自宅からもってきた。前日のアキラの誘いを受け入れたのだ。しかし、リョウマはもってきたことをアキラに伝えなかった。

私が、リョウマがぬいぐるみをもってきたことをアキラに伝えると、アキラはすぐに「リョウマ、にんぎょうであそぶ？」と誘った。机を倒し、人形のステージを作りはじめる。私が画用紙で草を1つ作ると、家を作ったり、家に窓をつけたり、山を作ったり……と二人のイメージは広がっていった。

そこへハルミがカラフルなぬいぐるみをもってやってきた。アキラはニコニコしながら、「ハルミちゃんの、すてきなにんぎょうだね」と、自分の作ったぬいぐるみとはまったく違うおもむきのものをほめた。アキラの言葉に、彼自身のぬいぐるみへの愛着と自信を感じた。

エピソードからはアキラの遊びが充実している様子を読み取ることができます。アキラの心も安定し、人や物へのかかわり方が変化してきました。また、他児にとってもアキラの存在は変化したようです。『幼稚園教育要領解説』には、人とかかわる力について次のようなことが述べられています。

人と関わる力を育む上では、単にうまく付き合うことを目指すだけではなく、幼稚園で安心して自分のやりたいことに取り組むことにより、友達と過ごす楽しさを味わったり、自分の存在感を感じたりして、友達と様々な感情の交流をすることが大切である。(p. 173)

完成したぬいぐるみへの思い、リョウマがアキラの思いを受け入れてくれたことなど一つ一つの積み重ねが自信となり、ハルミが作った人形について素直な気持ちを言葉にすることができたのではないでしょうか。それは人形だけをほめたのではなく、ハルミ自身の存在を認めたことにほかならないのです。

自分を理解してくれる友達

エピソード 8　6月下旬

リョウマがヘビのぬいぐるみを作った。アキラもリョウマの姿を見てヘビを作りはじめたのだが、作っているうちに夢中になり、甲高い声で要求を私に伝えてきた。すると、一緒にぬいぐるみを作っていたジュンコが「アキラくん、おちついていって」と言った。私も「そうだね」と加えた。アキラは自分の出していた声に気づいたのか、その後は落ち着いた口調で話しだした。

降園時の集まりで、『ばく・くくく』（五味太郎・作）を読んだ。「ばく・せく」というところで、何人かの子が「『せく』ってどういうこと？」と聞いてきた。意味を知っている子が言ったことをまとめて、私は「急いでいること、せっかちなことかな……」と説明してみた。「アックン、せく」と、リョウマが親しみを込めて言うと、アキラは照れていた。リョウマの言葉は、アキラがせっかちであることも認めての言葉だった。

一緒に活動する楽しさを味わうことで、自分とは異なる個性を認め合う姿も出てきています。リョウマはせっかちなアキラの性格を認めているのです。

友達が得意なことや好きな遊びといった表面的な特性はわかりやすいものですが、徐々に考えていることや行動特性など次第にお互いの心情や考え方等にも気づくようになり、その特性に応じてかかわるようになっていきます。遊びのなかでお互いのよさがわかると、一緒に活動することがいっそう楽しくなっていきます。

共通の目的をもつ

エピソードにはありませんが、後日、中学生が家庭科の授業で幼稚園に遊びにきてくれました。

数人の中学生がアキラたちより少し大きめでリアルなぬいぐるみをもってきてくれたのですが、それを見た一人の子どもが「トラやヒョウには檻が必要」と言い出し、段ボール箱で檻を作りました。すると、数人の子どもが自分のぬいぐるみの檻を作り、並べはじめたところから、遊戯室に動物園を作るという話になりました。

アキラは檻だけではなく、門や売店なども作り出しました。さらに女児たちが売店で売る食べ物を作るなど、遊びは学年全体へと広がり総合的になりました。中学生のもってきたぬいぐるみをきっかけに、共通の目的を見出し、工夫したり協力したりする年長らしい活動へ発展していきました。

「自転車に乗れた!」

アキラが「せんせい、ももたろうのおはなし、かいたよ」とうれしそうに言ってきた。スケッチブックに桃太郎の話を描いたのだ。「見せてくれる？」と頼むと、絵をさしながら物語を話した。ストーリーで重要な部分の絵が1ページに何個か描いてあった。私はアキラがここまで絵を描き、話ができるとは思っていなかった。

「すごいね。絵もかわいくて、よくわかるように描けているね」と言うと、「せんせい、かえりによんでもいい？」と聞いてきた。

「いいよ」と私は応えたが、アキラは「やっぱ、いい」と、スケッチブックを引き出しにしまった。

「じゃあ、読みたくなったら、言ってね」
「うん」

翌日の帰りの時間、子どもたちが集まりはじめたとき、アキラが「せんせい、ぼく、よんでいい？」と恥ずかしそうに聞いてきた。

前に出ると、はっきりとした口調で話しはじめ、みんな食い入るように見ていた。終わったあと、一人の子が拍手をすると、他児も拍手をした。アキラはうれしそうだった。

エピソード **10** 11月下旬

「せんせい、じてんしゃのれた！」
と、アキラがお弁当の片づけをして
いる私のところへ飛び込んできた。
額には滝のような汗が流れていた。
「本当！ 見せて」と私が言うと、ア
キラは再び外へ飛び出した。両足で
勢いをつけてからペダルに足をかけ
てこぎだした。不安定ではあるが、
たしかに一人で乗っていた。私も写
真を撮りながらついていった。「本
当に乗れるようになったね」と私が
言うと、「まだバランスが上手にとれ
ないけどね」と照れた様子で応えた。

　次のようなことをアキラも実感していたと
思われます。

①自分を理解してくれる人がいるという実感
②友達とつながっているという実感
③自分が成長しているという実感
④夢中になれることがあるという実感

　上記の４点がからみ合っていることは言う
までもありませんが、これらを統合すること
で、自分の行為や生活に「自信」をもてるよ
うになっていく、つまり「充実感を味わう」
ことができるようになっていくのです。

かけがえのない
一人一人の存在

自閉症スペクトラム障害が疑われる5歳児K男を核としたクラス経営のなかで、K男の育つ過程を見ながら、一人一人がかけがえのない存在となるための支援について考えていきます。

個の育ちと共同性の育ち

近年、特別支援学校や特別支援学級に在籍している幼児児童生徒が増加する傾向にあり、通級による指導を受けている児童生徒も増加傾向にあるといわれています。また、知的発達に遅れがないものの学習面または行動面で著しい困難を示す児童生徒の割合は、8.8％存在すると推定されています（文部科学省, 2022）。

幼稚園でも保育所でも、年齢に不釣り合いな不注意、多動性、衝動性といった行動特性を示し、感情のコントロールができにくい子どもが存在しています。彼らの行動特性は理解しているものの、いかに一人一人の行為を理解し援助していくのか、また、いかにクラスへのインクルージョン（包含）をしていったらよいのか経験豊かな保育者でもつねに悩むものです。

幼稚園教育要領の幼稚園教育の基本では、幼児の発達について、「心身の諸側面が相互に関連し合い、多様な経過をたどって成し遂げられていくものであること、また、幼児の生活経験がそれぞれ異なることなどを考慮して、幼児一人一人の特性に応じ、発達の課題に即した指導を行うようにすること。」と述べられており、障害の有無にかかわらず、一人一人の子どもに応じた指導が基本となります。

また、『保育所保育指針解説』には障害のある子どもの理解と保育の展開について、次のように解説されています。

一人一人の障害や発達上の課題は様々であり、その状態も多様であることから、保育士等は、子どもが発達してきた過程や心身の状態を把握するとともに、保育所の生活の中で考えられる育ちや困難の状態を理解することが大切である。そして、子どもとの関わりにおいては、個に応じた関わりと集団の中の一員としての関わりの両面を大事にしながら、職員相互の連携の下、組織的かつ計画的に保育を展開するよう留意する。(pp. 48-49)

「個に応じた関わりと集団の中の一員としての関わり」は、まさしく**個と共同性の育ち**であり、領域「人間関係」でめざしているも

のです。障害のある子どもも他児もお互いに影響を与えながら、共に個として育ちと共同性の育ちを実現していくのです。

それは、いつの時代にも変わらない保育の課題であり、めざすものでもあります。障害のある子どもの保育を通して、保育を見直し改善していくことも可能です。

年長になるまでの K男の育ち

保育者は、K男の入園当初から担任をしていました。K男は3歳児クラスのときから気になる存在でしたが、意識的に特別な支援を行うようになったのは4歳児後半からです。**本児に対する支援、他児に対する支援、物的環境の調整、保護者に対する支援**という4つ

の視点からスモールステップで計画を立て実践をしてきました。「保護者に対する支援」については、Lecture10で取り上げます。

図表9-1

支援計画

本児に対する支援

他児に対する支援

物的環境の調整

保護者に対する支援

3歳児から5歳児4月までのK男の姿

3歳児クラスに入園したK男は、好きな遊びが限られており、偏食など生活面でも強いこだわりを見せることが多かった。友達とのかかわりも少なく、私の指示を理解して行動に移すことは難しかった。

4歳児クラスに進級後、自閉症スペクトラム障害の傾向を示すK男の表れに対し、集団での行動が難しいときには、補助保育者とともに別の場所で活動するなど生活や遊びを見直していこうと考えた。また、K男自身も職員室の一角に自分の居場所（修理をしようと置いてあった小机）を見つけ、自分の思いどおりにいかないときには、そこで養護教諭や

職員と過ごす日が続いた。

5歳児クラス進級後、遊びに関しては私も一緒に遊びに入ることで、K男を多くの子どもが自然に受け入れてくれた。クラス替えもあり、子どもたちは先入観もなくK男と接する姿が見られた。

降園前のクラスでの活動には、以前と比べて参加できるようになってきたが、他児から注目されたいという思いからか目立った行動を取ることも多くなった。度を超してふざけてしまう姿に対して、他児はおもしろいと受け取るときと迷惑だと感じるときがあるようで、時々文句を言う子もいた。

このような実態から、保育者はＫ男に対して、「友達とかかわるなかでの楽しさを感じる」ことと「遊びのなかでのルールを守ろうとする」ことを願い、Ｋ男が自己肯定感を高めていけるような援助をしようと考えました。
　また、「気になる子ども」を核としたクラス経営を行うことで、他児に対しても「一人一人の違いを認め、かけがえのない存在として大切に思う」ことを願っていました。
　たしかに、他児の活動が妨げられるときには「保育補助者とともに別の場所で活動」をすることは有効な援助かもしれません。しかし、特別支援教育は「障害のある幼児児童生徒への教育にとどまらず、障害の有無やその他の個々の違いを認識しつつ様々な人々が生き生きと活躍できる共生社会の形成の基礎となるもの」（文部科学省, 2007）であり、障害のある子どもとかかわることは、他児にとっても必要なことなのです。
　『幼稚園教育要領解説』では、障害のある幼児などの指導に当たって次のように述べられています。

障害のある幼児など一人一人の特性等に応じた必要な配慮等を行う際は、教師の理解の在り方や指導の姿勢が、他の幼児に大きく影響することに十分留意し、学級内において温かい人間関係づくりに努めながら、幼児が互いを認め合う肯定的な関係をつくっていくことが大切である。（p.126）

　あえて強調することでもありませんが、子ども一人一人がユニークな存在であり、一人一人違うことが当たり前であることを前提としてすべての子どもを包み込むという**インクルージョン教育**の考え方を念頭に置きながら保育に臨むことが大切です。
　では、具体的にどのような援助を行ったのかみていきましょう。

「ワクワクした」
苗の買い物から収穫まで

エピソード1　5月1日

　翌日の苗の買い物に行きたい子のなかから、くじで8人を選出。Ｋ男も参加し当たりくじを引く。

エピソード2　5月2日

　各クラスの先生からの注文を受け、苗を買いに花屋へ。Ｋ男は3歳児クラスの先生から依頼されたパセリを買う。
　Ｋ男が降園時のクラスの活動時に読んだ絵本に興味を示さなかったので、読み終わったあと、買い物に行った子どもたち4人に前へ出てきてもらい、買ったものと買い物をしたときの気持ちをインタビューした。Ｋ男もみんなの前に立ち、最後に「ワクワクした。パセリを買った」と話した。

Lecture **9** かけがえのない一人一人の存在

「お友達も作りたいって」
紙飛行機からピタゴラスイッチへ

エピソード **3** ｜ 6月11日

保育室前の花壇で、実ったナスを3本収穫し、みそ汁を作った。前日の降園時、ナスの収穫とみそ汁作りを予告していたので、K男は「いつ、ナスとる？」と登園後すぐに言ってきた。期待して登園してきたようだ。私が声をかけると、「じてんしゃ、おいてくるから、まっていて」と言い、自分で自転車を片づけてきた。ナスを渡すとていねいに洗い、他児とともに順番で切った。私が声をかけると、あとから来た子に切る順番を譲る姿も見られた。

エピソード **4** ｜ 5月8日

3人の男児が紙飛行機で遊んでいた。私は作った紙飛行機をK男に渡し、3人の遊びに誘った。ひとしきり遊んだ3人は紙飛行機を飛ばすことをやめ、座って話をはじめた。私が誘うと、K男も加わった。「ピタゴラスイッチ」（NHK Eテレの番組）の話をしていたので、私が「ピタゴラスイッチで何が好き？」と聞くと、一人が「お父さんスイッチ」と答えた。K男はその言葉を聞いて、「作りたい」と言ってきた。空き箱とストロー、シールを使い、一緒に作った。

最初は馬鹿にして加わらなかった3人も、K男が作ったお父さんスイッチの遊びに加わった。子どもたちだけで遊びが継続していきそうだったので、私はそこを離れた。

しばらくすると、K男が「向こうにいる子が、お父さんスイッチ、作りたいって言っているよ」と別の子どもたちを指さした。K男の遊びが他児に広がっていき、片づけもお父さんスイッチを使い遊びの延長として行っていた。K男は作ったお父さんスイッチを自宅に持ち帰った。

苗の買い物は偶然に得た機会ではありましたが、K男にとっては主体的に体験を広げていく活動になったことでしょう。苗の入手から収穫まで、栽培に対する関心の持続も読み取ることができます。

また、興味のない活動に参加していない場合、直接的に注意ばかりしていると、他児からの評価を下げてしまいます。そこで、他児から注目されたいというK男の気持ちに沿いながら、集団への参加を促していきます。このような支援なら他児も違和感を覚えません。

はっきりとした課題（くじ引き、買い物、みそ汁作り）や翌日の見通しをもたせるなど生活や活動を**構造化**することで、自閉症スペクトラム障害の子どもは生活がしやすくなります。また、他児のあとでK男が発表すれば、他児のパターンを模倣して話ができます。このような**モデル**を示すことも有効な支援です。

2年以上生活を共にしているにもかかわらず、K男は友達の名前を覚えていないため、「向こうにいる子」と表現しています。しかし、その子たちの気持ちを代弁します。一緒に遊

99

びたかったのでしょう。

　保育者は、他児と結びつけるつなぎの役目をしたり、やりはじめた遊びを他児に広げたりしていきます。心を動かすさまざまな出来事を遊びを通して友達と共有するなかで、相手の感情にも気づくことができるようになっていくのです。

「ごちそうさま」
自分なりのクールダウンの方法

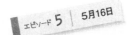

エピソード5 ｜ 5月16日

　巧技台は上靴を履いたままだと危ないので、裸足で遊ぶことになっている。今日、K男が上靴を履いたまま遊ぼうとしたので注意した。すると、「上靴、ぬぎたくない」と叫び、怒りだした。何度か伝えたが、K男は聞き入れない。私は「怪我をするのは私じゃなくてK男くんだから、裸足になるかどうかは自分で決めてね」と言って、その場を離れた。
　しばらくすると、文句を言いながらも上靴と靴下を脱いで他児と同じ場所に置き、遊びはじめた。

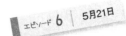

エピソード6 ｜ 5月21日

　おやつの時間、牛乳を2杯飲んだあと、もう一杯おかわりが欲しいと言ってきた。少しだけ入れてあげると、たくさん入れるように要求してきたので、「友達の牛乳がなくなるから少しだけだよ」と言って、少し追加した。K男は「牛乳、もっと飲みたい！」と叫んで、飲まずにコップをワゴンに叩き付け、立ち去ろうとした。「飲むか飲まないかは自分で決めなさい」という私の声を聞きながら部屋を出て、テラスを一周回ると戻ってきた。そして、何事もなかったかのように牛乳を飲み、「ごちそうさま」と言った。

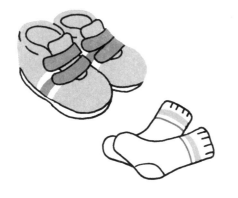

　自閉症スペクトラム障害の特徴の一つとして、「感覚が敏感」が挙げられますが、K男は靴下や上靴を履くことに異常にこだわっていました。しかし、安全に遊ぶことを考えると、K男だけが例外というわけにはいきません。危険な場所、危険な行動は毅然とした態度での指導が大切です。また、社会的なルールもきちんと教えていく必要があります。

保育者は必要なことだけを伝え、様子を見守りました。自己決定の機会を与えることで、保育者に言われたことに従うのではなく、自分から望ましい行動がとれるようになってきます。

牛乳を飲むか飲まないかも同様ですが、時間と場があれば、K男は自分なりの方法でクールダウンし、自分の取るべき態度を自分で選ぶことが徐々にできるようになってきました。

「ごめんなさい」
友達とのかかわり方

エピソード7 ｜ 6月5日

E子を殴ったため、K男は数人の女の子に追いつめられ、遊戯室に設置されているトンネルの中に隠れた。

K男に殴った理由を聞くと、「U男くんの（大切にしている）亀（ぬいぐるみ）、もっていった」と答えた。「K男くんは亀を取り戻したかったんだよね。でも殴っちゃだめだよ。口で言おうね」と私が言うと、K男は急に走り出し、E子のところへ行ってひざまずき、「ごめんなさい」と大きな声で謝った。E子は笑いだした。

障害の種類や程度は一人一人違います。障害のある子どもへの指導について、『幼稚園教育要領解説』では、次のように述べられています。

障害の種類や程度を的確に把握した上で、障害のある幼児などの「困難さ」に対する「指導上の工夫の意図」を理解し、個に応じた様々な「手立て」を検討し、指導に当たっていく必要がある。(p. 125)

殴るということは、望ましい行為ではありません。しかし、そこに至るまでには何らかの理由が存在するのではないでしょうか。K男も例外ではなく、ゆっくり話を聞くと、友達を殴ってしまった背景には理由がありました。しかも、仲良しのU男くんの気持ちを推し量っての行為だったということがわかりました。

保育者は、「亀を取り戻したかったんだよね」とK男の気持ちは認め、「口で言おうね」と別の方法を取るように方向づけをしていきます。このように、「殴った」という行為のみに焦点を当てるのではなく、その背景にある子どもの気持ちに注目していくことが重要です。そのうえで、別の方法があることを伝えていきます。

殴るのはいけないことだと理解している子どもに、追い討ちをかけるように行為のみを注意することは、問題解決のために何をしたらよいのか子ども自身で考える機会を奪い取ってしまいます。

K男はユニークな謝り方をしますが、気持ちはE子に伝わったようです。K男の個性を周囲の子どもたちも認め、生活をしているようです。保育者からのK男に対する思いや接し方、評価を子どもたちはモデルとして見ています。保育者の障害児に対する考え方や行

為すべてがクラス経営に大きな影響を与えるのです。

「忍法、隠れ身の術」
K男の遊びがみんなの遊びに

エピソード 8 ｜ 7月8日

K男が私のところへ来て、遊びに使っている携帯電話の番号を押し、「忍法、隠れ身の術」と唱えた。すると、そばにいたE子が「K男くん、消えちゃった。どこにもいない」、C子も「本当だ。見えなくなっちゃった」と言った。K男はうれしそうに笑った。E子が「出てきて」と言うと、K男は術を解いた。私は、「忍者になろうか」と、K男に手ぬぐいほどの大きさの布を2枚見せた。

1枚を顔に巻くと、「L子ちゃんに『かっこわるい』って言われちゃう」と、うれしそうだった。もう1枚を頭に巻くとずきんのようになった。E子とC子が「かっこいい！」とほめ、C子は「頭に、マーク、つけてあげる」と、折り紙を月のような形に切ってK男の額の部分につけた。私が手裏剣を渡すと、K男はうれしそうに受け取った。

新聞紙で衣装を作ると、K男はそれを着て、クラスの子に見せて回った。

エピソード 9 ｜ 7月9日

登園すると、すぐにK男は忍者の衣装を身に着けた。ほかの男児2名も、K男と同じように布と新聞紙を使って忍者になると、多くの子どもが忍者になりたがった。そして手裏剣作り、隠れマット、修行ごっこなどと遊びが発展していった。

忍者ごっこは、保育者があらかじめ計画していた遊びではなかったのですが、K男が発した言葉に周囲の女児が気づき、その言葉に合わせてくれたところから遊びがはじまっています。遊びは学年全体に広がり、運動会の競技にまでつながっていきました。興味の対象が限られているK男が運動会の競技に積極的に参加できるように、保育者が配慮したのでしょう。

E子やC子の言葉に遊びのヒントを得て、小道具を準備したり、他児を巻き込みながら、子どもたちの興味がどこにあるのかをとらえ、その場に応じた対応をしたりすることで、忍者ごっこが広がり、発展していったと考えることができます。保育者は、一人一人の子どもが今何に関心をもっており、何を実現しようとしているのか、活動に取り組むなかで苦

労しているところはあるのかなど、子どもの内面の動きや活動への取り組み方などに沿って環境を構成することが必要です。

また、保育者が積極的に遊びにかかわるこ

とでK男のアイデアが他児に認められ、それがK男の評価を高め、K男の意欲と自信につながったのではないかと思われます。

ありのままを受け入れる

エピソード 10　9月上旬

K男は自分の誕生会に向け、プレゼントのランチョンマットに絵を描いていた。自分の顔のまわりにU男、B子、L子の顔を描いた。私の顔を描くとき、白、青、灰色の布描きクレヨンをケースから出した。通りがかりのW男が「先生の服の色、見て決めたんでしょ」と言った。K男は「Kちゃんも、青い服、着ている」と答えて、自分の体と手と足を描いた。「なかなか、いいじゃん」と声をかけてW男はいなくなった。J子も通りがかりにのぞき、「上手じゃん」と声をかけた。

友達の名前すら知らなかったK男が、限られているかもしれませんが、名前を覚えてきたようです。自分の友達という意識ももっています。また、他児もK男がもうすぐ誕生日を迎えるということを認識し、声をかけられるようになってきました。

人間は、一人一人が個性豊かに生きていくことを保障されなければなりません。しかし、現状を見ると、子どもたちの多様な考え方が受け入れられにくかったり、個性的だというだけでいじめの対象になってしまったりするケースも少なくありません。

障害のある子どもだけでなく、とくに保育所においては、「外国籍の子どもをはじめ、様々な文化を背景にもつ子どもが共に生活して」（厚生労働省編，2018）います。「様々な文化」とは、各家庭で異なる宗教や生活習慣のことと考えてよいでしょう。保育者が子ども一人一人に思いを寄せ、ありのままを受け入れることで、クラスの一人一人がかけがえのない存在となるということを忘れないでください。

Lecture 10 保護者とのかかわり
——保育者の専門性を生かす

ここでは複数の事例をもとに、保育者と保護者がどのような人間関係を築くことが、子どもにとってよりよい、人とのかかわりを促していくのかを考えていきます。

なぜ、保護者と良好な関係を築くことが大切なのか

子どもの生活は、家庭、地域社会、幼稚園や保育所と連続的に営まれています。家庭や地域社会での生活経験が、幼稚園や保育所において保育者や他児と生活するなかで、さらに豊かなものとなっていきます。

たとえば、地域で行われたイベントやお祭りが園でごっこ遊びとして再現されたり、冬休みに家庭で遊んだ、かるたが園でも流行したりすることがあります。また、その逆に園の生活で培われたものが家庭や地域社会での生活に生かされるという環境のなかで、子どもの望ましい発達が促されていきます。つまり、家庭と園は車の両輪のようなものです。両者が補い合って子どもの発達を促していくのです。

子どもの視点から考えると、保護者が園や保育者に信頼感をもっていれば、子どもも園で安心して過ごすことができるでしょう。なぜなら、幼い子どもたちは保護者の感情や生活態度からの影響が大きいからです。つまり子どもの安定した園生活は、保護者と園や保育者との信頼関係が基盤となり、成り立っているということです。

また、領域「人間関係」の視点から考えると、子どもは支え補い合っている両者の姿を、人とのかかわりのモデルとして学んでいきます。お互いを尊重し、尊敬し合い、良好な関係を築いていくことは、子どもの人とのかかわりの発達という点からもおろそかにはできません。

では、保育者は保護者とどのように信頼関係を築いていけばよいのでしょうか。

信頼はさりげないメッセージから

子どもに関心をもたない保育者はいません。しかし、保護者に対してはどうでしょうか。

もちろん保育者として、専門的な視点から園での子どもの姿や発達の状況、願いなどを伝えたり、家庭での協力を求めたりしていくことも重要です。

しかし、子どもの発達に心配を抱えていた

Lecture **10** 保護者とのかかわり

り、保護者自身も支援が必要だったりする場合には、子どもの話題からでは保護者との信頼関係を築いていくのが難しいときもあります。そのようなとき、保育者はどのように保護者へかかわっていったらよいのでしょうか。効果的な事例を2つ紹介します。

事例1

集団行動の苦手な5歳児Yくん。ほかにも病気があり、個別のかかわりが必要でした。加配対象ではありませんでしたが、一対一で保育者が支援する必要があるくらいクラスのなかでは気になる子でした。母親に様子を伝えたいと思っていましたが、仕事が忙しいようで送迎は父親と祖母。母親にはなかなか会うことができませんでした。

春の参加会を機会に子どもの様子を伝えようとしましたが、「初めての子育てだが、困っていることはない」と理解してもらえませんでした。

そこで、それから母親が迎えにきたときには、かならず声をかけて雑談をするようにしました。すると徐々に母親との関係が変わり、信頼関係を築くことができました。

その後、2回ほど面談を行い、Yくんの様子を聞いていくうちに、実は母親もYくんのことを心配しているという話が聞け、その後、母親自身の目で保育園の様子も見たいと申し出てくれました。ようやく担任が心配していることを伝え、時機をうかがって相談機関につないでいくこともできました。

まずは雑談などをしながら信頼関係を築き、そのうえで子どもの姿を伝えたり、家庭への協力を求めたりしていくとよいということがわかります。雑談は「中身のないこと」と思われがちですが、ちゃんと意味があるのです。とはいえ、どのような雑談をすればよいのでしょうか。別の保育者は次のように具体的に述べています。

事例2

対象児（知的障害をともなう自閉症スペクトラム障害の男児）を担当していたころは、母親に対してできるだけ子どもの話ではなく、母親自身についてのこと、たとえば「今日の服、かわいいですね」「髪型変えました？　若々しいですね」などと話すようにしていきました。そのうち母親のほうからもいろいろ話しかけてくれるようになり、思ったより早く信頼関係をつくることができたと思います。

難しそう、話しづらそうなどと先入観で見てはいけないと思います。まず、こちらから保護者のなかに入っていくことが大事だと感じました。

105

「○○くんのお母さん」ではありますが、一人の人として接してほしいと思っている母親も少なくありません。保育者には、保育者としての専門性と同時に、一人の人としての関係をもてる力も要求されているのです。難しいケースになればなるほど、専門性と同時に人間性がかかわってくるということなのではないでしょうか。

事例2のように、目の前の相手の「見える部分」のよさを具体的に伝えることが効果的です。さりげない一言ですが、保育士が母親に関心をもっているというメッセージを送っています。「あなたのことも大切に思っていますよ」「あなたのこともしっかりと見ていますよ」というメッセージを間接的に送ることで信頼関係を築いていけるのでしょう。

体験する・調べる・考える

日常生活で発するメッセージ

みなさんは日常生活のなかで、周囲の人にどのようなメッセージを送っているのでしょうか。エクササイズを通して考えてみましょう。

①夏休み明け、久しぶりにクラスメイト（あるいは先生、クラブの先輩など）を見かけました。あなたならどのように振る舞いますか。友達と話し合ってみましょう。

②次に、座る場所や相手との距離を変えて、やってみてください。

声かけのポイント

・自分からあいさつするように努めましょう。あいさつに合わせてお互いに関する情報や天候などの話をすることがありますが、親しい関係であれば「夏休みどうだった？」、先生であれば「夏休みはいかがお過ごしでしたか？」と声をかけてみるものよいでしょう。普段なら「このごろどう？」とか「元気？」などでもよいですね。

・次に、相手の身体が発しているサインに注目します。ニコニコとうれしそうに話しているのであれば、「夏休みに何かいいことあったんでしょう？」とさらに話題を深めていくこともできます。ありのままに気づいたことを言葉に表すとよいでしょう。

・座る位置や相手との距離も、会話をするときには重要です。真正面に向き合って座ると緊張する人もいますので、斜め向かいに座るなど、お互いに気持ちのよい距離を保つと会話も弾みます。

同じ願いで連携する

次の事例は、保護者が悩んでいたところに保育者がタイミングよくアドバイスを行った事例です。

事例3

カナは2歳4ヵ月を迎えようとしています。母親は2歳を過ぎたあたりから、おむつを外す時期や方法について考えていました。4月中旬の保護者面談時、保育者より綿パンツをもってくるように言われました。母親は週末に綿パンツを4枚購入し、月曜日にもたせました。

翌日からの連絡ノートです。

4月24日（火）

日中は綿パンツで過ごしましたが、散歩のとき、おもらしをしてしまいました。でも、出てしまってから、「オシッコ、出ちゃった」と報告してくれました。

4月25日（水）

やりました!! オマルでおしっこ、2回（9時40分と10時40分）出ました！🌸

オマルに座ったので「おしっこはどこでするの？」と聞くと、「ここで」と言ってから、チョロチョロおしっこが。えらかったですよ。「カナちゃん、えら〜い」と保育士みんなで大喜びしました。

母：トイレトレーニング、ありがとうございます。自宅ではオマルに座っても遊んでしまうばかりですが、先生の励ましでできたのだと思います。

4月26日（木）

午前中はうまくいきませんでした。でも、お昼寝のあとは成功！

4月27日（金）

午前中はすべて成功。おもらしをしていません。すごい！ 昨日も今日も、おしっこが出ると「オシッコデタ！」とトイレで教えてくれます。うれしい!!

母：おしっこは、ほとんどオマルでできるようになりました。

5月1日（火）

今日は運動場の公園に行きました。おしっこをもらさず過ごしました。

5月8日（火）

今日はトイレに行ったとき、オマルをほかの子が使っていたので洋式便座に座りました。ちゃんとオシッコが出て成功。もうバッチリですね。🌸

4月下旬の約1週間で、おしっこができるようになったようです。保育者の専門性が発揮された事例です。

保育者は子どもの発達の状況や季節を考慮しながら、5月の連休に家庭でも練習してもらおうと考えていたのではないでしょうか。

一方、母親も課題意識をもっており、両者が同じ思いで子どもの発達を支援し、効果を上げたものと思われます。

保育者の連絡ノートの言葉や「！」「🌸」などのマークからも、できるようになったことを喜んでいることが伝わってきます。保育者の温かな思いとともに経験に裏づけられた専門性に保護者は信頼感を抱き、良好な関係を築いていきます。

しかし、このように保護者と保育者が同じ思いでいるケースばかりではありません。保育者がそろそろおむつを外す時期だと思って保護者に働きかけても、いっこうに綿パンツをもってきてくれないということもあります。保護者の中には、洗い物が増えたり、わずらわしいトイレトレーニングに取り組むよりも、楽な紙パンツを好む人もいるようです。

このように、子どもの発達に必要なことを保育者が行おうとしても、保護者が受け入れてくれない場合には、どのように伝えていったらよいのでしょうか。

肯定的な子どもの表れをフィードバック

ここでは、Lecture 9で登場したK男の母親と保育者が同じ方向を向いて支援を行えるようになった事例を紹介します。

担任は、入園当初からK男の言動が気になっており、偏食など基本的生活習慣について家庭への協力を求めましたが、あるとき、そういった母親への度重なる協力要請がK男の発達を促すことにつながるのか疑問に感じはじめました。

「よかれと思っている協力要請も母親にとってみれば、つらいものになっているかもしれない」「母親との信頼関係を築くことを主眼に考えると、今はあえて言わないほうがいいかもしれない」と考えました。

事例 4-1 | 4歳児11月

保護者は、K男が特別な支援の必要な子どもであるということを十分に理解できていないのではないかと思われた。そこで、保育参観を活用して集団活動時の行動を見てもらって、気づいてもらいたいと考えた。

しかし、自由に遊んでいる姿の参観が中心となってしまったため、集団のなかにおけるK男の姿をとらえることは難しく、母親は特別な支援が必要なことを感じなかったようである。今はまだ保育者から母親に直接伝える時期ではないと判断し、バランスのよいお弁当と箸を使う指導について協力を依頼するにとどめた。

Lecture 10 保護者とのかかわり

事例 4-2 | 4歳児2月

いつもＫ男の乗っている補助輪つきの自転車を他児が使っていた。Ｋ男は保育者の提案で、補助輪のない自転車に乗ることになった。最初、自転車を支えてあげると、自力で乗れた。「乗れたよ。すごいね」と声をかけるとうれしそうだった。Ｋ男は靴を左右逆に履くことにこだわっていたが、「靴が右と左と反対だよ。しっかり履けばもっと上手に乗れるよ」と言うと、あわてて履きかえた。

降園時、Ｋ男が自転車に初めて乗れたこと、自信に満ちあふれた様子、自転車を通しての友達との自然なかかわり、日ごろの活動の広がりなど、成長を母親に伝えた。

成長する時期に来ているので、コミュニケーションが今以上に取れるようになると、さらに世界が広がっていくという可能性を伝え、一人一人の個性に合わせて指導してくれる幼児言語教室への通級を勧めた。

母親は、時々自宅を訪問してくれる保健師から幼児言語教室についてはすでに紹介され、知っていると言っていた。発音の不明瞭さも気になるという理由で、通級の手続きを依頼してきた。

成長した姿を母親とともに喜び、同じ気持ちになれたからこそ、今後の見通しや幼児言語教室についての担任の考えを伝えることができたのではないでしょうか。また、母親からも以前は語られることがなかった保健師の家庭訪問についての話題も出てきました。ようやく保護者とともに子どもの成長を考えることができるようになったのです。

このように成長の兆しが見られたとき、肯定的な表れをフィードバックすることが、保護者との信頼関係を築く契機をもたらします。さらに、発達していく姿と必要な支援を合わせて伝えることで、保護者も具体的な姿をイメージしながら支援の方向性を具体的に考えていくことができます。ここで初めて保護者も主体的に子どもの育ちにかかわっていくことになります。

しかし、このような保護者とのかかわりは、担任が単独で行っていくことは稀です。肯定的な表れのフィードバックと支援の方向性を示すことができた背景には、副園長や養護教諭など園内の保育者との連携がありました。他機関と連携しつつ発達を支援していく場合も、担任の力だけでは解決できないことが出てきます。

支援の方針は園内で共通理解を図りながら進めていくようにすれば、他機関の協力も得やすく、保護者の信頼感もいっそう高まっていくことでしょう。

乳幼児期の子どもを初めて育てる若い保護者にとっては、発達していく子どもの姿や園での生活……すべてが未知の世界です。春から夏への季節の変わり目。園だよりでは、子どもたちの遊びや生活の変化とともに、子どもの成長・発達に必要なことを保護者へ伝えています。

すくすく 6月
～園だより～

平成25年5月24日
静岡市立西奈幼稚園
園長　寺尾治代

5月の中旬は風が気持ち良い（涼しい？）日が多かったように感じます。日差しは強くても心地よかったのですが、6月が近づき、夏のような気温になる日も間近になってきました。

子どもたちは気温の変化にとても敏感で、少し暑いと感じるとすぐに水に関わる遊びが始まります。さぁこれから、子どもたちの大好きな『水遊び』の季節に入っていきます。着替えの補充やお洗濯など、ご協力をよろしくお願いします。

「人は食べたもので作られている」

かつてこの言葉を聞いた時、当たり前のことを忘れている自分に気づきました。

当たり前のことですが、人はみんな食べたものをエネルギーとして生きています。元気に動ける（遊んだり、仕事をしたりする）のも、毎日ちゃんと食事をして、必要なエネルギーを補給しているからできることです。

子どもたちにとっては、日々エネルギーを補給するだけでなく、成長するのにも欠かせないのが食事です。幼児は1年間に身長が5～6㎝伸びるお子さんが多いのですが、大人では考えられないことですね。その成長を助けているのが、毎日の食事です。だから、何を食べているかはとても大事なことなのです。

お腹をいっぱいにすることだけでいいのなら、毎日お菓子だけを食べてもいいはずです。でも、子どもたちの骨や筋肉、皮膚、髪の毛、歯などの成長を考えると、それで大丈夫とは言えません。だからお母さんたちが、毎日の食事やお弁当作りを頑張ってくれているのだと思います。

好き嫌いが多くてご苦労されている方や、アレルギー等で食べるものを制限されている方もいるでしょう。好き嫌いなく何でも食べられることが理想ではありますが、そうはなかなかいきません。でも、まずはあきらめず、日々の小さな積み重ねを大事にしてください。

おいしく食事ができることは、子どもたちのこれからの人生をより豊かにしてくれることだと考えます。子どもたちが豊かに人生を送れるためにも、今後ともよろしくお願いします。

もも組さんも楽しくお弁当を食べています。

○**子どものつぶやき①**

園庭でのことです。A君が雲梯の上に上っていました。気持ちよさそうなA君。
「園長先生、すごいでしょ！」「すごいねぇ。」「男だから、強いんだ！」「そうか。でも、女だって強いよ。」「ちがう！（きっぱりと）女はこえ～（怖い）！」
A君の本音が聞けたような気がして、大笑いのひと時でした。

○**子どものつぶやき②**

今年は出張が多くて、なかなか一日中幼稚園にいることの少ない、私。
ある朝、横断歩道前で「あ！きょうはいた！」とB君。そういえば、前日は朝から出かけていたのでした。
「せんせい、だいすき！」「せんせい、みてて！」「こっちおいで！」…表し方はいろいろですが、日々子どもたちの声や笑顔に励まされている私です。

① 自発的に動き出す子どもたちの姿が描かれるとともに、そのような姿を肯定的に見ている園長先生の思いが伝わってきます。

② 生活における「当たり前のこと」のなかに、子どもの成長・発達に必要なことがたくさん含まれているのです。

③ 『母子手帳』などを見ればわかることですが、「当たり前のこと」で、普段は自覚している保護者は少ないでしょう。「当たり前のこと」を自覚することで今、大切なことが見えてきます。

④ 保護者の苦労や努力をねぎらい、励ましています。些細な一言かもしれませんが、保護者は自分のしていることが価値づけられ、モチベーションを高めていきます。

⑤ 食事だけではありません。「日々の小さな積み重ね」が子どもたちの成長・発達にとって欠かせないのです。とくに基本的生活習慣を身につけていくうえでは重要な視点です。

子どもとのかかわりのなかで、園長先生が感じられたことを述べられています。保護者は、保育者が何を感じ何を考えているのか、要は保育者がどのような人なのかを知りたいのです。このような積み重ねを通して信頼関係を築いていくのではないかと思います。

Lecture 11 保育者同士のかかわり
——保育者の言動から子どもは学ぶ

子どもたちは身近な大人同士のかかわりをモデルに人とのかかわり方を学んでいきます。ここでは身近な大人としての保育者同士のかかわり方について考えていきます。

子どもは保育者の言動を見ている

　幼稚園教育要領では、「幼児の主体的な活動を促すためには、教師が多様な関わりをもつことが重要であることを踏まえ、教師は、理解者、共同作業者など様々な役割を果たし、幼児の発達に必要な豊かな体験が得られるよう、活動の場面に応じて、適切な指導を行うようにすること。」と教師の役割について書かれています。そのさまざまな役割の一つとして、「憧れを形成するモデルとしての役割」について『幼稚園教育要領解説』では、次のように述べられています。

幼児は、教師の日々の言葉や行動する姿をモデルとして多くのことを学んでいく。善悪の判断、いたわりや思いやりなど道徳性を培う上でも、教師は一つのモデルとしての大きな役割を果たしている。このようなことから、教師は自らの言動が幼児の言動に大きく影響することを認識しておくことが大切である。
(p.117)

　子どもたちは、保育者の人とのかかわり方をモデルとして、他者とのかかわり方を学んでいきます。実際にLecture 5の1歳児カナが、自宅で「マーくん、こっちだよ」など先生のまねをしている姿を母親が記述しています。保育者がどのように子どもたちに接しているのかを見て、子どもは自分のなかに取り入れていくのです。

　ですから、園内での保育者同士のかかわりの様子もよく見て学んでいきます。たとえば、ベテラン保育者と新人保育者の関係を、子どもたちは非常に敏感にとらえます。

　ベテラン保育者が指導的な言動で新人保育者に対応していたり、新人保育者が何をするにつけてもベテラン保育者に伺いを立てたりする様子などを見ると、大人の上下関係をすぐに察知します。そして、結果的にベテラン保育者の話はよく聞き、新人保育者の話は聞き入れなくなるなど、好ましくない事態をもたらすこともあります。

　一方、保育者がチームワークよく動いている場合には、子どもも保育者らの言動を友達とのかかわりに取り入れていくことができる

でしょう。また、チームワークのよさは保護者の信頼を得ることもできます。

保育所保育指針では、職員の共通理解と協働性が次のように述べられています。

職員が日々の保育実践を通じて、必要な知識及び技術の修得、維持及び向上を図るとともに、保育の課題等への共通理解や協働性を高め、保育所全体としての保育の質の向上を図っていくためには、日常的に職員同士が主体的に学び合う姿勢と環境が重要であり、職場内での研修の充実が図られなければならない。

共通理解を図るために

では、どのようにして共通理解を図っていけばよいのでしょうか。次のエクササイズを行い、考えていくことにします。

体験する・調べる・考える

想像して描いてみよう

①から⑥の文章を読みながら、次ページの枠内に自分が思ったように描いてみましょう。時間は5〜6分程度。友達の絵は気にしないようにしてください。

①左上から右下のほうに向けて、鳥が1羽飛んでいます。

②鳥が飛んでいく方向に家が1軒建っています。

③その家には煙突がついていて、煙が出ています。

④その家の庭先にはチューリップが咲いています。

⑤その家の前には小川が流れていて、小さな橋がかかっています。

⑥小川には魚が2、3匹泳いでいます。

描き終えたら、2〜3人で絵を比べてみましょう。絵の優劣ではなく、どこが違っているかを具体的に比べてください。鳥の位置、橋の場所、家の形、魚の数などです。

いかがでしたか？ 情報が少ないので、差があって当然です。今回の場合、違っていても間違いではありませんし、とくに困ることもありません。

しかし、仕事や生活の場では、情報が少ないからといってそのままにしておいたのでは物事がスムーズに進まなかったり、思いの違いから人間関係がぎくしゃくしてしまったりすることもありえます。

そうならないために、伝える人は具体的で正確な表現をすることを心がけましょう。しかし、どちらでもよい場合、たとえば魚が2匹でも3匹でもよいときには、「魚は2匹でも3匹でもかまいません」と選択肢を加えると、受け手の安心感と主体性は高まります。

また、自由な発想を生かしたい部分では、「この部分はみなさんのユニークなアイデアを期待します」などと伝えることで受け手の自由度は増し、モチベーションを高めること

になります。

先ほどのエクササイズは具体的に絵を描く作業をしましたが、自身の意見や考えを伝える場合にも、同様のことが行えるのではないでしょうか。受け手の立場に立ちながら伝えていくことが大切です。

一方、受け手は疑問や意見をもったとき、そのままにしておいてはいけません。思い込みで物事を進めてしまうと、食い違いがますます大きくなってしまうからです。

しかし、友達同士では気軽に聞いたり言ったりできることでも、上司や先輩、同僚には切り出しにくい場合もあります。そのときには本題に入る前に「教えてください」と一言つけ加えると、本題に入りやすいと思います。謙虚な姿勢を言葉として示すことが大切だと私は考えます。また、受ける側も体勢を整えたうえで話を聞くことができるでしょう。

疑問や意見を交換し合うなかで、お互いの考えをすり合わせていくことができます。新しいアイデアや計画が出てくることもあるのではないでしょうか。このような過程を経て共通理解を図り、信頼関係を築いていくことができるのです。

失敗が帰属意識を高める

ベテラン保育者が幼稚園に就職し、仕事に慣れてきたころの出来事を話してくれました。

エピソード 1

幼稚園に勤めはじめて3年目。5歳児2クラスの学年主任をまかされました。

10月に行われる運動会は、5歳児クラスのみに午後の部があり、3歳児・4歳児クラスは午前中で終了します。午後のプログラムは5歳児の実態や保育者の願いを考慮し、クラス担任らが計画します。

この年は「親子で竹馬を作って遊ぶ」ことを計画しました。お家の方に手伝ってもらえば、作ってすぐに乗ることもできます。マジックで名前や絵を書いたり、ビニールテープを貼ったりして装飾を加えた竹馬ですから、愛着もわきます。遊びたいときに遊び、練習し、冬休みに自宅に持ち帰る計画でした。

お弁当を食べ終えた親子から竹馬作りをはじめました。しかし、竹2本と板4枚と針金を渡していくと、板がみるみるなくなっていくではないですか。実は、竹は人数の2倍、板は人数の4倍用意しなければならないのに、板を人数の2倍しか注文していなかったのです。

私は職員室へ行き、片づけを終えて食事をとろうとしていた同僚たちにそのことを伝えました。すると、一人が何も言わずに立つと、ホームセンターに電話をして寸法を伝え、枚数分の板を切っておくように注文してくれました。そして、その間に「ぼく、ホームセンターへ行ってきます」と男性保育者が車で園を出ました。

誰も指示していないのに、相手の動きを見て動いている姿に私はただただ驚いていました。すると、副園長が「先に片方だけを全員に作ってもらいましょう。そのうち板が届くから、丁寧に作るようにみなさんに伝えてください」と私に言いました。

ようやく我に返り、園庭に戻って子どもと保護者に注文のミスを謝罪したうえで、片方だけ作るように伝えました。早く作りたかった保護者のなかには不満げな人もいましたが、大部分の方は「先生でもそういうことあるんだね」と笑いながら作りだしました。しばらくして板が届いたので竹馬を完成させ、親子で竹馬の練習もできました。

竹馬置き場の竹馬を見ると、どの子も片側だけ丁寧に絵やビニールテープの飾りが施されていました。板が届くまでのあいだ、親子で上手に時間を使っていてくれたことがわかりました。

年長組の運動会も終了し、職員室に戻って先生方に謝罪とお礼を申し上げると、男性保育者が「少し焦ったけど、見事なチームプレイだったよ」、ほかの保育者も「だれも○○さんがかけ算ができないなんて思っていないから心配しなくていいよ」と声をかけてくださいました。また、副園長からは「怪我もなく、安全に楽しいひとときを親子で過ごせたと思います。こうしてみんなが助けてくれたのも、○○さんの先生たちとのかかわりや保護者とのかかわりがあったからですよ」とおっしゃっていただきました。

保育者をしている間には、忘れられない出来事が数多くありますが、この出来事は宝となって、今でも私を支えてくれています。

このエピソードは明らかに保育者の不注意から発生した事態で、できるならば避けたいものです。しかし、このような出来事を同僚と共有することで「つながり」が強化されるといってもよいでしょう。もちろん、エピソードのような失敗を奨励しているのではありません。一つの目的に向かって力を結集することが「つながり」を深めていくという意味です。結果的に、チームの一員としての帰属意識が高まっていくのです。

「つながり」を生む日常の会話

　前述のエピソードのような「見事なチームプレイ」を可能にしたのは、この園が日常的な会話の時間を重視していたからだと思われます。園内研修だけでなく、保育時間終了後の職員室は子どもの話題で持ち切りです。また、園内作業の時間には草取りなどをしながら、仕事に直接関係のない会話もします。

　その会話は単なる情報のやり取りだけではありません。開店したレストランの話、テレビ番組の話、家族のことなど、いわゆる雑談のなかで相手の好みや考え方を知ったり、さらにお互いの関心のあるテーマや共通の価値観を発見したりするのです。つまり、他愛もないおしゃべりをすることこそが、園に属する人々がお互いを信頼し理解するようになっていく方法なのでしょう。

　このような日常的なやり取りが、保育者同士の関係を深め、園の特徴的な「雰囲気」をつくっていきます。人間関係の豊かさは、園を訪れた人ならば誰でも敏感に感じ取ります。廊下ですれ違う保育者同士の何気ないあいさつや表情、さりげない会話、活気の有無などから園の「雰囲気」を感じるでしょう。

　子どもや保護者、さらに地域の人などは、その園の「雰囲気」から信頼感を形成していきます。そして、その「雰囲気」は、そこにいる保育者たちがつくりだすということを念頭に置いておくことが重要です。

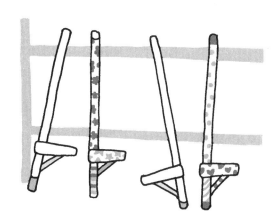

Lecture 12 かかわりの育ちを「みる」
——自分の感覚を大切に

子どもたちのかかわりの育ちをどのようにみたらよいのでしょうか。これまでのエピソードなどを取り上げながら、子ども理解を深めるための「みる」ことについて考えていきます。

子どもを「みる」とは

ここで、「みる」とあえてひらがなを使用しているのには、意味があります。「みる」を辞書で引いてみると、「見る」「視る」「観る」などさまざまな漢字がありました。

子どもを「みる」という行為は、目で物事の存在などをとらえる「見る」や、物事の状態を客観的に注意深く「観る」ことではありません。人が人をみるのです。

「見る」「観る」の場合、対象となる物事はだれが見（観）ても同じです。しかし、一見、客観的な評価が可能なのであったにしても「あばたもえくぼ」に見えてしまったり、逆に「坊主憎けりゃ袈裟まで憎い」と思ってしまったりすることがあります。

このように、モノを見（観）るときでさえ客観的な事実ではなく、みる人の興味や関心、情動といった主観が、見（観）え方に影響を及ぼしてしまいます。ですから、人が人をみるということは、非常に複雑な行為を行っているのです。

保育者が行う観察について、岩田（2011）は次のように述べています。

保育者は子どもの主観を感じとり、子どもも保育者の主観を感じとりながらの相互主観的な関係のなかで、人が人をみるといった行為が成立する。すなわち、そこでは観察する保育者自身が、観察している子どもにすでに影響を及ぼす変数としてその場のなかに分かち難く含み込まれているのである。(p. 94)

つまり、人が人をみるということは、「主観」という目には見えないものをみていくということを意味しています。

また、子どもにかかわる保育者自身も子どもに影響を及ぼす存在となるので、**保育者の主観も含めてみていく**ことが必要です。

たとえば、Lecture 6のエピソード1では、「ミズホは何かを作るというよりも、自分の手元にたくさんの小麦粉粘土を確保し、（中略）ミズホは手元にあるたくさんの小麦粉粘土をビニール袋に入れて持ち帰る」という記述がありますが、出来事を文字化する過程で保育者自身が「モノを欲張る」姿を気にしている

自分、さらに「モノを欲張る」ことをマイナスにとらえている自分にも気づきます。

つまり、エピソードを記述することは、子どもをみるだけでなく、**子どもをみている自分をもみていく**ということなのです。

見えるものと見えないもの

では、具体的にはどのように「みて」いけばよいのでしょうか。まずは見えているものを感じ取り、意味づけをするエクササイズを行ってみましょう。

体験する・調べる・考える

ノンバーバルコミュニケーション

学生食堂に行って、少し離れたテーブルの人たちを観察してみましょう。何を話しているのかが聞こえなくても、彼らの会話は観察できます。ノンバーバルコミュニケーションをヒントに想像してみましょう。

例）
聴き手Aは、相手の話をうなずきながら聞いている。話に興味があるようだ。

聴き手のノンバーバルコミュニケーション（うなずく、顔をしかめる、ほかの出来事に気を取られる、腕時計に目を落とすなど）をみていくと、会話は聞こえなくてもその流れはわかり、聴き手の気持ちが読み取れるのではないでしょうか。相手の目や体の向きなどもヒントになりますね。

実は、私たちの心のなかで起こっていることは、体を通して何らかのサインとして表現しているのです。

自宅で、いつも見ているテレビドラマの登場人物について以下のことに注意してみましょう。

・目の動き、眼差しの方向
・声の調子、話すスピード
・姿勢、表情
・身振り、手振り

「目は口ほどにものを言う」ということわざがありますが、ノンバーバルコミュニケーションがいかに多くを語っているかを理解できるでしょう。

いまは見えているものを感じ取り、意味づけることを体験していただきましたが、目には見えないものもたくさんあります。

サン＝テグジュペリ（Antoine de Saint-Exupéry）の『星の王子さま』（1946/2000）はみなさんも読んだことがあると思います。その冒頭で、パイロットが6歳のときに描いた2枚の絵について語っています。

ぼくの絵の第一号です。（中略）

ぼくは、鼻たかだかと、その絵をおとなの人たちに見せて、〈これ、こわくない？〉と

きました。

すると、おとなの人たちは〈ぼうしが、なんでこわいものか〉といいました。

ぼくがかいたのは、ぼうしではありません。ゾウをこなしているウワバミの絵でした。おとなの人たちに、そういわれて、こんどは、これなら、なるほどとわかってくれるだろう、と思って、ウワバミのなかみをかいてみました。おとなの人ってものは、よくわけを話してやらないと、わからないのです。ぼくの第二号の絵は、下のようなのでした。（p. 12）

以下が、サン＝テグジュペリが描いた第一号の絵と第二号の絵です。

第一号の絵

第二号の絵

出所：Saint-Exupéry, 1946/2000

これは、『星の王子さま』を貫くメッセージである「大切なものは目には見えない」ということを、読者に語る導入部分です。外から見ているだけでは物事の真実はとらえにくいことと、内側に隠れているものがわかると外側の意味も見えてくるということを実感してもらいたいのだと思います。

また、王子さまとバラのかかわりを描いたシーンは、表面的な言動だけをみていたのでは、相手の真意を読み取ることはできないということを読者に教えてくれます。

恋愛関係にある男女にありがちなことですが、子どもも本当に言いたいことは別にあるのに、違う行動を取ってしまうことがあります。Lecture 6 の事例のミズホがものを欲張る姿もそれにあたります。ほかにも、新入園児にみられる行動だと思われますが、友達とかかわりたいがどのようにきっかけをつくったらよいのかわからず、たたいてしまうこともあります。

この場合、たたいたことだけを注意したのでは、何の解決にもなりませんし、保育者として子どもとの信頼関係を築くことはできません。子どもの気持ちに寄り添いながら、かかわるきっかけとなる言葉、たとえば「一緒に、遊ぼう」という言葉などを伝えていきます。

まずは、子どもの行為のみに目を向けるのではなく、直接かかわって感じ取り、**見えないものをみていくように**努めていくことが保育者には求められています。

エピソードによる子ども理解

エピソードは、保育実践を通して保育者が子どもをみた出来事の記録です。前述のとおり、子どもをみるということ自体が主観的なものなので、エピソードも主観的な記録となります。

ここで大切なのは、保育者自身が子どもの何をみているのか、また、その出来事をどのようにとらえ、どのような意味を見出しているのかということです。したがって、同じ場面に身を置いたとしても、だれがみるかによってエピソードは違ってきます。

ここでは、Lecture 6 のミズホちゃんのエピソード 3 の一部を引用しながら考えてみましょう。

ある程度の大きさの山ができると、ミズホは「せんせい、トンネルつくろう」と、言ってきた。リカもトンネル掘りに加わり、リカと私のトンネルがつながった。私の指先を感じた瞬間、リカはにっこり笑った。ミズホは、「ミズホちゃん、トンネルつながったよ」という私の声をまったく気にしない様子で掘り続けた。

ついに私のトンネルとミズホのトンネルがつながった。私が手を入れたまま、「ミズホちゃん、トンネルつながったよ。穴、のぞいてごらん」と言うと、ミズホはトンネルをのぞいたあと、自分の手を伸ばし、私の指先に触れた。ミズホはにこりと笑った。じっくりとミズホにかかわったのは、このときが初めてだった。

保育者はミズホとの関係の変容を感じたため、この場面を切り取りエピソードとして表したと思われます。つまり、実践の場で、みる側の保育者がミズホの発達にかかわる意味を見出したからこそ、エピソードとして記述したのです。

細かい表現になりますが、「私の指先を感じた瞬間、リカはにっこり笑った」とありますが、ただ「笑った」ではありません。「に

っこり」には、指先が触れ合ったときの保育者がリカの気持ちに寄り添い、感じ取ったことのニュアンスが含まれています。

一方、同じような場面ですが、「ミズホはにこりと笑った」とここでは「にこり」という語を使用しています。「にこり」は、「ほほえむさま。ちょっと笑うさま。にっこり。」と『デジタル大辞泉』では示されており、「にっこり」と同じ意味です。

しかし、「にっこり」には「愛想よくにっこり（と）笑う」「うれしさに思わずにっこり（と）する」と例文が示されている一方、「にこり」のほうは「ほめられてもにこりともしない」と載っていました。「にっこり」と「にこり」では、保育者の受け止め方が微妙に違うように感じます。ミズホの笑いは、少しはにかんだ硬さがあったのかもしれません。

このように、エピソードでは感じたことをふさわしい言葉で表現して記述することが大切です。たとえば、「落ち着いた雰囲気」と「しっとりと落ち着いた雰囲気」を比較すると、「しっとり」という言葉が入っただけでニュアンスが違いますね。表現者が「落ち着いた雰囲気」を好ましく感じていることを受け取ることができます。

ですから、みなさんの感じたことをそのままエピソードに記録していくことで、そのとき感じたことを自分自身も想起することができます。また、エピソードを読んだ人にも、みなさんがその場で感じたこと、意味づけしたことをそのまま受け取ってもらえるのではないでしょうか。

子どもの育ちの姿を鳥瞰する

記録する本人も他者も、エピソードからは保育者が出来事をどのようにとらえ、意味づけしたのかを読み取ることができます。Lecture 5 の連絡帳の記録も同様です。一つ一つに意味があるのです。ここでは連絡帳の一部を引用しながら考えていきましょう。

12月3日

来週の生活発表会の総練習でホールに行きました。保育者が離れると泣くようになり、抱っこすると少し落ち着いていました。

12月9日

寝不足のせいかな？　抱っこを求めることが多かったです。でも園庭に出たらご機嫌になり、ハイハイをたくさんしたり、三輪車を押したりして遊んでいました。

一つ一つに意味のあるエピソードですが、エピソードを「線」としてつなげると、さらに子どもの保育者とのかかわりが変容する姿が浮かび上がってきます。

また、友達とのかかわりを面としてみることもできます。Lecture 7のユウタと仲間のエピソードにおけるソシオグラムを時系列に並べてみると、右のようになります。

このように仲間とのかかわりをソシオグラムで面としてとらえ、さらに時系列に並べてみると、子どもたちのかかわりの変容を立体的にみていくことも可能となります。

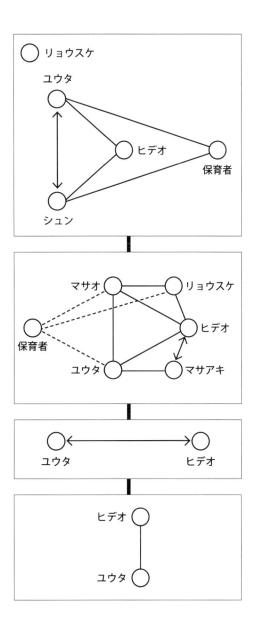

Lecture 13 親しい人との体験が生きる原動力になる

私たちは非常に生きづらい社会のなかに生きています。それは子どもも同様です。保育者として、人として、何を大切に生きていけばよいのかを考えてみましょう。

つながりによって生きる力を得る

Lecture 1 に出てきた「自我はタマネギである」を思い出してみましょう。私たちは他者とのかかわりにおいて自己の存在を確かにしています。つまり、人間は自分ではない誰か、自分ではない何かとのつながりによって生きる力を得ているのです。

みなさんは**ヴィクトール・フランクル**(Frankl, V. E.) を知っていますか。フランクルは「生きる意味とは何か」を追い求めた精神科医です。彼は第二次世界大戦でナチスの強制収容所に送られ、生き地獄を体験しました。そして戦後、その体験をもとに、極限状態に置かれた人間についての記録を『夜と霧』(1977／2002) という本として出版しました。その著書のなかで、収容所に送られ、自己実現の道を断たれ、悲惨な状況や堪え難い苦痛のなか、次のような体験を記しています。

雪に足を取られ、氷に滑り、しょっちゅう支え支えられながら、何キロもの道のりをこけつまろびつ、やっとの思いで進んでいくあいだ、(中略)

わたしはときおり空を仰いだ。星の輝きが薄れ、分厚い黒雲の向こうに朝焼けが始まっていた。今この瞬間、わたしの心はある人の面影に占められていた。精神がこれほどいきいきと面影を想像するとは、以前のごくまっとうな生活では思いもよらなかった。わたしは妻と語っているような気がした。妻が答えるのが聞こえ、微笑むのが見えた。まなざしでうながし、励ますのが見えた。妻がここにいようがいまいが、その微笑みは、たった今昇ってきた太陽よりも明るく私を照らした。(pp. 60－61)

絶望のなかでも、心の底で愛する人への面影に思いをはせれば、ほんの短い間でも至福の境地になれるということです。人間は人とのつながりなくして生きている喜びを感じることはできないでしょう。

親しい人との思い出

フランクルは「妻への想い」を支えに収容所で生き延びていきました。フランクルにとって、妻との「愛の体験」が生きることに意味を与えているのです。

子ども時代に家族で味わった食べ物の記憶が生きる原動力になっている人もいます。

『長い道』（2012）の著者の宮﨑かづゑさんは、10歳でハンセン病療養所長島愛生園に入園、80歳を迎えるころから覚えたワープロで文章を書くようになりました。『長い道』に収められている「生まれた村で」には、子どものころに家族で味わった食べ物の記憶が、季節とともに鮮やかに描かれています。

五月。父が大きな柏の枝を何本も担いで帰ってくる。夜、小型の石臼に大きな紙を敷き、祖母と母とが交替でゴロゴロと押しながら、柏餅用にくず米を挽き、私にも米の落とし具合を教えながら挽かせてくれた。（中略）

次の日、柏の葉っぱをちぎる手伝いをしたり、キャーキャーと笑いながら遊んだりしているうちに、何台も重ねられた木製の大きな蒸し器から湯気が上がってくる。そのかまどはほんとうに心地よくて、みんなそばに寄ってきた。

一番に蒸し上がった柏餅はお仏壇に供え、そのあとのは、○○さんとこにと渡され、私はよく持って行かされた。帰ってくると次のが蒸し上がっていて、みんなで熱々の柏餅を食べた。日頃難しい顔をしている父や祖父もうれしそうに食べていた。(p. 4)

幼いころのかづゑさんの記憶が色あせることなく描かれています。無数の苦しみや悲しみを引き受けてきたかづゑさんですが、『長い道』にはそうした場面ではなく、家族や友達など周囲の人々とのかかわりのなかで生かされている自身が語られています。このように運命や事実を引き受けて生きている姿の根底には、他者とのかかわりや絆があったからだと思います。

みなさんにも生きることを意味づける親しい人との体験があることと思います。筆者も、家族や親戚など親しい人との一つ一つの体験が今の自分をつくっていると確信しています。とくに、自分の原点ともいえる出来事があります。

それは小学校4年生のころです。友達から「生まれたてのヒヨコがたくさんいるんだけど、オスは処分されてしまうので、もらってくれないか」という申し出がありました。友達の家は飲食店を営んでおり、飼うことができないとのこと。軽トラックの荷台にはヒヨコがひしめき合っていました。その中から黄色いヒヨコ2羽と黒っぽいヒヨコ2羽をもらって帰りました。

寒い時期だったので、そのままではヒヨコは死んでしまいます。私は4羽を段ボール箱に入れて、こたつの中で飼うことにしました。

名前をつけて、時々外に出しては、手で抱いたり、寝転んだ自分の上を歩かせたりして遊んでいました。両親と弟はとくに嫌がることもなく、私のやることを見守っていてくれました。その後、4羽のうち黄色の2羽が死にました。

そうしているうちに、また「ヒヨコをもらってくれないか」と友達が言ってきました。結局、全部で4回ほどヒヨコをもらい、ヒヨコは成長して少しずつニワトリらしくなっていきます。家のなかでは飼えなくなり、狭い庭に出すことになりました。

成長したニワトリはメスが5羽、オスが3羽。すべてに名前がついていて、名前を呼ぶと走ってきます。それに、ヒヨコのころから飼っていたので、私の肩や頭にも乗ってきました。重たかったことを覚えています。

母は新聞の折込チラシを見て食費を節約するような人でしたが、ニワトリのためにはトウモロコシがたくさん入った上等な餌を買ってくれました。父は使われていないガラス戸をどこからか調達し、小屋を作ってくれました。

ニワトリは卵を毎日生みました。殻の色は茶色で、黄身が2つ入っています。重さは80グラム。母と一緒に量りました。産みたての卵は気持ちまで温かくしてくれるようでした。私はかわいそうで一度も食べることができませんでした。

大人になる過程では、進路のことなど両親との葛藤場面もありました。また、勉強や仕事などの重要な局面で挫折も経験しました。そのようなときにいつも思い出すのが、ニワトリを飼っていたころの自分なのです。

ふわふわしたヒヨコの羽の感触、ニワトリの重さ、卵の温かさ……。私にとっては特別なニワトリでした。両親が一緒に世話をしてくれたのは、私が大切にしていたニワトリだったからだと後で気づきました。私の気持ちを大切にしてくれていたのです。

自分が愛されていると感じた幼いころの体験はとくに心に残り、その後の人生に大きな影響を与えるのではないでしょうか。

うれしい先生

子どものころ、筆者は2年保育の幼稚園に通園していました。年長組ではK先生という素敵な先生に受け持たれましたが、先生は出産を控えて産休に入られました。

K先生が休まれるのは寂しいことでしたが、代わりに新人のO先生がクラスに入ってくださいました。園外保育のときなどにほかのクラスより並ぶのが遅くなったり、K先生のときとは少し勝手が違っていたような気がします。しかし、子どもながらにO先生の一生懸命さが感じられて好きでした。

しかし、ある日突然、教頭先生がO先生に代わって担任をやることになったのです。私は「O先生は幼稚園にいるのに、どうして？」と子どもながらに感じていました。

厳しい教頭先生は、鉄棒の前に子どもたちを並んで座らせ、順番に鉄棒をやらせます。K先生もO先生も、園庭では自由に遊ばせてくれていたのに……。前回りすらできなかった私は、毎日が苦痛で仕方ありませんでした。ひたすら、K先生が復帰されるのを待っていたことを記憶しています。

時は流れて、私が保育者として幼稚園に勤務し数年が経過したころ、新しい副園長が赴任してきました。なんとO先生でした。30年ぶりの再会です。結婚して苗字も変わられ、

N先生となられていましたが、私はすぐにO先生だとわかりました。

O先生とは、30年前にほんの数週間、お世話になっただけでした。また、行事など印象的な出来事があったわけではありません。それなのに、なぜ心に残っていたのでしょうか。

日本の幼稚園の礎を築いた倉橋惣三は、『育ての心』（2008）のなかで次のように述べています。

泣いている子がある。涙は拭いてやる。泣いてはいけないという。なぜ泣くのと尋ねる。弱虫ねえという。……随分いろいろのことはいいもし、してやりもするが、ただ一つしてやらないことがある。泣かずにいられない心もちへの共感である。

お世話になる先生、お手数をかける先生、それは有り難い先生である。しかし有り難い先生よりも、もっとほしいのはうれしい先生である。そのうれしい先生はその時々の心もちに共感してくれる先生である。(p. 35)

保育者として、一人の人として

なぜO先生のことを鮮明に覚えていたのかといえば、O先生の誠実さと優しさ、温かさが、ずっと私の心に残っていたからだと思います。また、仕事を一緒にさせていただき、共感性が高く、思慮深い方であると感じました。子どもは「共感性が高い」とか「思慮深い」などとは思いませんが、誠実さや優しさ、温かさは感じ取ります。保育者も子どもの生き方に大きな影響を与える、身近な親しい人なのです。

フランクルやかづゑさんは、人とのかかわりの豊かさを支えに逆境を生きました。私たちも家族からはじまって、友達、学校、職場など、人々や社会とつながりをもとうとします。時には、こうしたつながりが自分の考えや行動を制約し、不自由に感じさせることもありますが、その結びつきが自分の行動や自分の存在を意味あるものにしているのです。まさに「自我はタマネギである」ということです。

保育者には高い精神性が求められます。他者とのかかわりや絆、自分自身の生き方について深く考えていくこと、また、自分とは違った時代や立場の人の生き方や考え方、思いに触れることを通して、円熟した保育者になっていくのです。

幼稚園教育要領（抜粋）

平成29（2017）年 文部科学省告示

第1章 総 則

第1 幼稚園教育の基本

　幼児期の教育は、生涯にわたる人格形成の基礎を培う重要なものであり、幼稚園教育は、学校教育法に規定する目的及び目標を達成するため、幼児期の特性を踏まえ、環境を通して行うものであることを基本とする。

　このため教師は、幼児との信頼関係を十分に築き、幼児が身近な環境に主体的に関わり、環境との関わり方や意味に気付き、これらを取り込もうとして、試行錯誤したり、考えたりするようになる幼児期の教育における見方・考え方を生かし、幼児と共によりよい教育環境を創造するように努めるものとする。これらを踏まえ、次に示す事項を重視して教育を行わなければならない。

　1　幼児は安定した情緒の下で自己を十分に発揮することにより発達に必要な体験を得ていくものであることを考慮して、幼児の主体的な活動を促し、幼児期にふさわしい生活が展開されるようにすること。

　2　幼児の自発的な活動としての遊びは、心身の調和のとれた発達の基礎を培う重要な学習であることを考慮して、遊びを通しての指導を中心として第2章に示すねらいが総合的に達成されるようにすること。

　3　幼児の発達は、心身の諸側面が相互に関連し合い、多様な経過をたどって成し遂げられていくものであること、また、幼児の生活経験がそれぞれ異なることなどを考慮して、幼児一人一人の特性に応じ、発達の課題に即した指導を行うようにすること。

　その際、教師は、幼児の主体的な活動が確保されるよう幼児一人一人の行動の理解と予想に基づき、計画的に環境を構成しなければならない。この場合において、教師は、幼児と人やものとの関わりが重要であることを踏まえ、教材を工夫し、物的・空間的環境を構成しなければならない。また、幼児一人一人の活動の場面に応じて、様々な役割を果たし、その活動を豊かにしなければならない。

第2〜第7 〔省略〕

第2章 ねらい及び内容

　この章に示すねらいは、幼稚園教育において育みたい資質・能力を幼児の生活する姿から捉えたものであり、内容は、ねらいを達成するために指導する事項である。各領域は、これらを幼児の発達の側面から、心身の健康に関する領域「健康」、人との関わりに関する領域「人間関係」、身近な環境との関わりに関する領域「環境」、言葉の獲得に関する領域「言葉」及び感性と表現に関する領域「表現」としてまとめ、示したものである。内容の取扱いは、幼児の発達を踏まえた指導を行うに当たって留意すべき事項である。

　各領域に示すねらいは、幼稚園における生活の全体を通じ、幼児が様々な体験を積み重ねる中で相互に関連をもちながら次第に達成に向かうものであること、内容は、幼児が環境に関わって展開する具体的な活動を通して総合的に指導されるものであることに留意しなければならない。

　また、「幼児期の終わりまでに育ってほしい姿」が、ねらい及び内容に基づく活動全体を通して資質・能力が育まれている幼児の幼稚園修了時の具体的な姿であることを踏まえ、指導を行う際に考慮するものとする。

　なお、特に必要な場合には、各領域に示すねらいの趣旨に基づいて適切な、具体的な内容を工夫し、それを加えても差し支えないが、その場合には、それが第1章の第1に示す幼稚園教育の基本を逸脱しないよう慎重に配慮する必要がある。

健康 〔省略〕

人間関係

他の人々と親しみ、支え合って生活するために、自立心を育て、人と関わる力を養う。

1　ねらい

（1）幼稚園生活を楽しみ、自分の力で行動することの充実感を味わう。
（2）身近な人と親しみ、関わりを深め、工夫したり、協力したりして一緒に活動する楽しさを味わい、愛情や信頼感をもつ。
（3）社会生活における望ましい習慣や態度を身に付ける。

2　内容

（1）先生や友達と共に過ごすことの喜びを味わう。
（2）自分で考え、自分で行動する。
（3）自分でできることは自分でする。
（4）いろいろな遊びを楽しみながら物事をやり遂げようとする気持ちをもつ。
（5）友達と積極的に関わりながら喜びや悲しみを共感し合う。
（6）自分の思ったことを相手に伝え、相手の思っていることに気付く。
（7）友達のよさに気付き、一緒に活動する楽しさを味わう。
（8）友達と楽しく活動する中で、共通の目的を見いだし、工夫したり、協力したりなどする。
（9）よいことや悪いことがあることに気付き、考えながら行動する。
（10）友達との関わりを深め、思いやりをもつ。
（11）友達と楽しく生活する中できまりの大切さに気付き、守ろうとする。
（12）共同の遊具や用具を大切にし、皆で使う。
（13）高齢者をはじめ地域の人々などの自分の生活に関係の深いいろいろな人に親しみをもつ。

3　内容の取扱い

　上記の取扱いに当たっては、次の事項に留意する必要がある。
（1）教師との信頼関係に支えられて自分自身の生活を確立していくことが人と関わる基盤となることを考慮し、幼児が自ら周囲に働き掛けることにより多様な感情を体験し、試行錯誤しながら諦めずにやり遂げることの達成感や、前向きな見通しをもって自分の力で行うことの充実感を味わうことができるよう、幼児の行動を見守りながら適切な援助を行うようにすること。
（2）一人一人を生かした集団を形成しながら人と関わる力を育てていくようにすること。その際、集団の生活の中で、幼児が自己を発揮し、教師や他の幼児に認められる体験をし、自分のよさや特徴に気付き、自信をもって行動できるようにすること。
（3）幼児が互いに関わりを深め、協同して遊ぶようになるため、自ら行動する力を育てるようにするとともに、他の幼児と試行錯誤しながら活動を展開する楽しさや共通の目的が実現する喜びを味わうことができるようにすること。
（4）道徳性の芽生えを培うに当たっては、基本的な生活習慣の形成を図るとともに、幼児が他の幼児との関わりの中で他人の存在に気付き、相手を尊重する気持ちをもって行動できるようにし、また、自然や身近な動植物に親しむことなどを通して豊かな心情が育つようにすること。特に、人に対する信頼感や思いやりの気持ちは、葛藤やつまずきをも体験し、それらを乗り越えることにより次第に芽生えてくることに配慮すること。
（5）集団の生活を通して、幼児が人との関わりを深め、規範意識の芽生えが培われることを考慮し、幼児が教師との信頼関係に支えられて自己を発揮する中で、互いに思いを主張し、折り合いを付ける体験をし、きまりの必要性などに気付き、自分の気持ちを調整する力が育つようにすること。
（6）高齢者をはじめ地域の人々などの自分の生活に関係の深いいろいろな人と触れ合い、自分の感情や意志を表現しながら共に楽しみ、共感し合う体験を通して、これらの人々などに親しみをもち、人と関わることの楽しさや人の役に立つ喜びを味わうことができるようにすること。また、生活を通して親や祖父母などの家族の愛情に気付き、家族を大切にしようとする気持ちが育つようにすること。

（以下省略）

保育所保育指針（抜粋）

平成29（2017）年　厚生労働省告示

第1章　総則〔省略〕

第2章　保育の内容

　この章に示す「ねらい」は、第1章の1の（2）に示された保育の目標をより具体化したものであり、子どもが保育所において、安定した生活を送り、充実した活動ができるように、保育を通じて育みたい資質・能力を、子どもの生活する姿から捉えたものである。また、「内容」は、「ねらい」を達成するために、子どもの生活やその状況に応じて保育士等が適切に行う事項と、保育士等が援助して子どもが環境に関わって経験する事項を示したものである。

　保育における「養護」とは、子どもの生命の保持及び情緒の安定を図るために保育士等が行う援助や関わりであり、「教育」とは、子どもが健やかに成長し、その活動がより豊かに展開されるための発達の援助である。本章では、保育士等が、「ねらい」及び「内容」を具体的に把握するため、主に教育に関わる側面からの視点を示しているが、実際の保育においては、養護と教育が一体となって展開されることに留意する必要がある。

1　乳児保育に関わるねらい及び内容〔省略〕
2　1歳以上3歳未満児の保育に関わるねらい及び内容

（1）基本的事項〔省略〕

（2）ねらい及び内容

　ア　健康〔省略〕

　イ　人間関係

　　　他の人々と親しみ、支え合って生活するために、自立心を育て、人と関わる力を養う

（ア）ねらい

　　① 保育所での生活を楽しみ、身近な人と関わる心地よさを感じる。
　　② 周囲の子ども等への興味や関心が高まり、関わりをもとうとする。
　　③ 保育所の生活の仕方に慣れ、きまりの大切さに気付く。

（イ）内容

　　① 保育士等や周囲の子ども等との安定した関係の中で、共に過ごす心地よさを感じる。
　　② 保育士等の受容的・応答的な関わりの中で、欲求を適切に満たし、安定感をもって過ごす。
　　③ 身の回りに様々な人がいることに気付き、徐々に他の子どもと関わりをもって遊ぶ。
　　④ 保育士等の仲立ちにより、他の子どもとの関わり方を少しずつ身につける。
　　⑤ 保育所の生活の仕方に慣れ、きまりがあることや、その大切さに気付く。
　　⑥ 生活や遊びの中で、年長児や保育士等の真似をしたり、ごっこ遊びを楽しんだりする。

（ウ）内容の取扱い

　　上記の取扱いに当たっては、次の事項に留意する必要がある。

　　① 保育士等との信頼関係に支えられて生活を確立するとともに、自分で何かをしようとする気持ちが旺盛になる時期であることに鑑み、そのような子どもの気持ちを尊重し、温かく見守るとともに、愛情豊かに、応答的に関わり、適切な援助を行うようにすること。
　　② 思い通りにいかない場合等の子どもの不安定な感情の表出については、保育士等が受容的に受け止めるとともに、そうした気持ちから立ち直る経験や感情をコントロールすることへの気付き等につなげていけるように援助すること。
　　③ この時期は自己と他者との違いの認識がまだ十分ではないことから、子どもの自我の育ちを見守るとともに、保育士等が仲立ちとなって、自分の気持ちを相手に伝えることや相手の気持ちに気付くことの大切さなど、友達の気持ちや友達との関わり方を丁寧に伝えていくこと。

3 3歳以上児の保育に関するねらい及び内容

（1）基本的事項（省略）

（2）ねらい及び内容

ア　健康（省略）

イ　人間関係

他の人々と親しみ、支え合って生活するために、自立心を育て、人と関わる力を養う。

（ア）ねらい

① 保育所の生活を楽しみ、自分の力で行動することの充実感を味わう。

② 身近な人と親しみ、関わりを深め、工夫したり、協力したりして一緒に活動する楽しさを味わい、愛情や信頼感をもつ。

③ 社会生活における望ましい習慣や態度を身に付ける。

（イ）内容

① 保育士等や友達と共に過ごすことの喜びを味わう。

② 自分で考え、自分で行動する。

③ 自分でできることは自分でする。

④ いろいろな遊びを楽しみながら物事をやり遂げようとする気持ちをもつ。

⑤ 友達と積極的に関わりながら喜びや悲しみを共感し合う。

⑥ 自分の思ったことを相手に伝え、相手の思っていることに気付く。

⑦ 友達のよさに気付き、一緒に活動する楽しさを味わう。

⑧ 友達と楽しく活動する中で、共通の目的を見いだし、工夫したり、協力したりなどする。

⑨ よいことや悪いことがあることに気付き、考えながら行動する。

⑩ 友達との関わりを深め、思いやりをもつ。

⑪ 友達と楽しく生活する中できまりの大切さに気付き、守ろうとする。

⑫ 共同の遊具や用具を大切にし、皆で使う。

⑬ 高齢者をはじめ地域の人々などの自分の生活に関係の深いいろいろな人に親しみをもつ。

（ウ）内容の取扱い

上記の取扱いに当たっては、次の事項に留意する必要がある。

① 保育士等との信頼関係に支えられて自分自身の生活を確立していくことが人と関わる基盤となることを考慮し、子どもが自ら周囲に働き掛けることにより多様な感情を体験し、試行錯誤しながら諦めずにやり遂げることの達成感や、前向きな見通しをもって自分の力で行うことの充実感を味わうことができるよう、子どもの行動を見守りながら適切な援助を行うようにすること。

② 一人一人を生かした集団を形成しながら人と関わる力を育てていくようにすること。その際、集団の生活の中で、子どもが自己を発揮し、保育士等や他の子どもに認められる体験をし、自分のよさや特徴に気付き、自信をもって行動できるようにすること。

③ 子どもが互いに関わりを深め、協同して遊ぶようになるため、自ら行動する力を育てるとともに、他の子どもと試行錯誤しながら活動を展開する楽しさや共通の目的が実現する喜びを味わうことができるようにすること。

④ 道徳性の芽生えを培うに当たっては、基本的な生活習慣の形成を図るとともに、子どもが他の子どもとの関わりの中で他人の存在に気付き、相手を尊重する気持ちをもって行動できるようにし、また、自然や身近な動植物に親しむことなどを通して豊かな心情が育つようにすること。特に、人に対する信頼感や思いやりの気持ちは、葛藤やつまずきをも体験し、それらを乗り越えることにより次第に芽生えてくることに配慮すること。

⑤ 集団の生活を通して、子どもが人との関わりを深め、規範意識の芽生えが培われることを考慮し、子どもが保育士等との信頼関係に支えられて自己を発揮する中で、互いに思いを主張し、折り合いを付ける体験をし、きまりの必要性などに気付き、自分の気持ちを調整する力が育つようにすること。

⑥ 高齢者をはじめ地域の人々などの自分の生活に関係の深いいろいろな人と触れ合い、自分の感情や意志を表現しながら共に楽しみ、共感し合う体験を通して、これらの人々などに親しみをもち、人と関わることの楽しさや人の役に立つ喜びを味わうことができるようにすること。また、生活を通して親や祖父母などの家族の愛情に気付き、家族を大切にしようとする気持ちが育つようにすること。

（以下省略）

引用・参考文献

Lecture 1

船津衛『ジョージ・H・ミード――社会的自我論の展開』東信堂、2000年

船津衛『自分とは何か――「自我の社会学」入門』恒星社厚生閣、2011年

船津衛「創発的内省理論の展開」『放送大学研究年報』27、2009年、pp. 63-73

星野欣生『人間関係づくりトレーニング』金子書房、2003年

星野欣生『職場の人間関係づくりトレーニング』金子書房、2007年

Mead, G. H., "The Social Self", *The Journal of Philosophy, Psychology, and Scientific Methods*, 10, 1913　船津衛・徳川直人（編訳）『社会的自我』恒星社厚生閣、1991年、pp. 374-380

文部科学省『幼稚園教育要領解説』フレーベル館、2018年

Lecture 2

Bronfenbrenner, U., "The Ecology of Human Development : Experiments by Nature and Design", Harvard University Press, 1979　磯貝芳郎・福富護（訳）『人間発達の生態学』川島書店、1996年

Bukatko, D. & Daehler, M. W., "Child Development : A Thematic Approach Sixth Edition", Wadsworth Publishing Co., 2011

厚生労働省『保育所保育指針解説』フレーベル館、2018年

無藤隆・子安増生編『発達心理学Ⅰ』東京大学出版会、2011年

Portmann, A., "Biologische Fragmente zu einer Lehre vom Menschen", Benno Schwabe & Co. Verlag, 1951　高木正孝（訳）『人間はどこまで動物か――新しい人間像のために』岩波書店、1961年

田宮縁『体験する・調べる・考える　領域「環境」』萌文書林、2011年

Lecture 3

Fulgham, Robert, "All I Really Need to Know I Learned in Kindergarten : Fifteenth Anniversary Edition Reconsidered, Revised, & Expanded With Twenty-Five New Essays", Ballantine Books, 2003　池央耿（訳）『新・人生に必要な知恵はすべて幼稚園の砂場で学んだ』河出書房新社、2004年

岩田純一『子どもの発達の理解から保育へ――〈個と共同性〉を育てるために』ミネルヴァ書房、2011年

文部科学省「第15期中央教育審議会　第一次答申パンフレット」1996年

文部科学省『幼稚園教育要領解説』フレーベル館、2018年

田宮縁『体験する・調べる・考える　領域「環境」』萌文書林、2011年

Lecture 4

Bowlby, J., "A secure base: clinical applications of attachment theory", Routledge, 1988　二木武（監訳）『ボウルビイ　母と子のアタッチメント――心の安全基地』医歯薬出版、1993年

Cooley, C. H., "Social Organization: A Study of Larger Mind", Charles Scribner's Sons, 1905　大橋幸・菊池美代志（訳）『現代社会学大系4　クーリー　社会組織論』青木書店、1970年

Erikson, E. H., "CHILDHOOD AND SOCIETY :Second Edition", W.W.Norton & Company, 1963　仁科弥生（訳）『幼児期と社会Ⅰ』みすず書房、1977年

Erikson, E. H., "THE LIFE CYCLE COMPLETED：A REVIEW", W. W. Norton & Company, Inc., 1982　村瀬孝雄・近藤邦夫（訳）『ライフサイクル，その完結』みすず書房、1989年

Fantz, R. L., "The origin of form perception", *Scientific American*, 204（5）, 1961, pp. 66-72

方軼羣作、君島久子訳、村山知義画『しんせつなともだち』福音館書店、1987年

船津衛『自分とは何か──「自我の社会学」入門』恒星社厚生閣、2011年

Havighurst , R. j., "Human Development and Education", Longmans, Green & Co., INC., 1953　荘司雅子（監訳）『人間の発達課題と教育』玉川大学出版会、1995年

井戸ゆかり編『保育の心理学Ⅰ──実践につなげる、子どもの発達理解』萌文書林、2012年

厚生労働省『保育所保育指針解説』フレーベル館、2018年

子安増生「第1章　発達心理学とは」　無藤隆・子安増生編『発達心理学Ⅰ』東京大学出版会、2011年、pp.1-37

Lorenz, K. Z., Er redete mit dem Vieh, den Vögeln und den Fishen", Deutscher Taschenbuch Verlag, 1983　日高敏高（訳）『ソロモンの指環──動物行動学入門』早川書房、1998年

中澤潤「第4章　幼児期」　無藤隆・子安増生編『発達心理学Ⅰ』東京大学出版会、2011年、pp. 219-261

二宮克美「第15章　向社会的行動」　氏家達夫・遠藤利彦編『社会・文化に生きる人間』新曜社、2012年、pp. 181-188

二宮克美「第4章　幼児期　[社会] 道徳性と向社会性」　無藤隆・子安増生編『発達心理学Ⅰ』東京大学出版会、2011年、pp. 290-291

Parten, M. B., "Social participation among pre-school children", *The Journal of Abnormal and Social Psychology*, 27(3), 1932, pp. 243-269

Potter, Beatrix, "THE TALE OF PETER RABBIT", Frederick Warn & Co. Ltd., 1902　石井桃子（訳）『ピーターラビットのおはなし』福音館書店、1971年

斎藤晃「第2章　アタッチメント」　繁多進ほか編『社会性の発達心理学』福村出版、1991年、pp. 36-50

柴田愛子文、伊藤秀男絵『けんかのきもち』ポプラ社、2001年

谷川俊太郎文、長新太絵『わたし』福音館書店、1981年

渡辺弥生「第8章　人と人がつながるには」　川島一夫・渡辺弥生編『図で理解する　発達──新しい発達心理学への招待』福村出版、2010年、pp. 108-120

Lecture 5

厚生労働省『保育所保育指針解説』フレーベル館、2018年

Lecture 6

榎沢良彦・入江礼子編『シードブック　保育内容 人間関係［第2版]』建帛社、2005年

Goble, F. G., "THE THIRD FORCE: The Psychology of Abraham Maslow", Grossman Publishers, Inc., 1970　小口忠彦（訳）『マズローの心理学』産能大学出版部、1972年、p. 83

Maslow, A. H., "TOWARD A PSYCHOLOGY OF BEING", D. Van Nostrand Co. Inc., 1962　上田吉一（訳）『完全なる人間──魂のめざすもの』誠信書房、1964年

文部科学省『幼稚園教育要領解説』フレーベル館、2018年

田宮縁「子どもがものを「欲張る」ことの意味──ものを「欲張る」背景と教師の援助を考える」　静岡大学教育学部附属幼稚園『平成13年度研究紀要　幼児にふさわしい生活──遊びの発展の過程における個の育ち』2002年、pp. 7-24

津守真『子どもの世界をどうみるか──行為とその意味』日本放送出版協会、1987年

Lecture 7

東洋ほか編『心理用語の基礎知識』有斐閣、1973年

梶田叡一『〈自己〉を育てる──真の主体性の確立』金子書房、1996年

文部科学省『幼稚園教育要領解説』フレーベル館、2018年

田宮縁「事例から見る幼児期の仲間関係と自己形成」『保育学研究』38（1）、2000年、pp. 12-19

安田雪『ネットワーク分析──何が行為を決定するか』新曜社、1997年

Lecture 8

文部科学省『幼稚園教育要領解説』フレーベル館、2018年

岡本夏木「1　子どもとおとな」『講座　幼児の生活と教育1　幼児教育とは』岩波書店、1994年、pp. 20-22

田宮縁「5　A男の遊びの発展の過程と育ち──虫捕りの魅力と教育的意義について」　静岡大学教育学部附属幼稚園『平成12年度研究紀要　幼児にふさわしい生活──遊びの発展の過程における個の育ち』2001年、pp. 58-75

Lecture 9

厚生労働省『保育所保育指針解説』フレーベル館、2018年

文部科学省「特別支援教育の推進について（通知）」2007年

文部科学省「通常の学級に在籍する特別な教育的支援を必要とする児童生徒に関する調査結果」2022年

文部科学省『幼稚園教育要領解説』フレーベル館、2018年

田宮縁「5　一人一人がかけがえのない存在に──重度発達障害児を核としたクラス経営の中で」　静岡大学教育学部附属幼稚園『平成15年度研究紀要　幼児にふさわしい生活──今日的課題をふまえた教育課程』2004年、pp. 41-47

Lecture 11

Cohen, D. & Prusak, L., "IN GOOD COMPANY: How Social Capital Makes Organizations Work", Harvard Business School Press, 2001　沢崎冬日（訳）『人と人の「つながり」に投資する企業──ソーシャル・キャピタルが信頼を育む』ダイヤモンド社、2003年

星野欣生『人間関係づくりトレーニング』金子書房、2003年

文部科学省『幼稚園教育要領解説』フレーベル館、2018年

田宮縁・大塚玲「軽度発達障害児の就学にむけての保護者への支援──S大学教育学部附属幼稚園の実践を通して」『保育学研究』43（2）、2005年、pp.109-118

Lecture 12

Antoine de Saint-Exupery, "LE PETIT PRINCE", Editions Gallimard, 1946　『星の王子さま　オリジナル版』岩波書店、2000年

岩田純一『子どもの発達の理解から保育へ──〈個と共同性〉を育てるために』ミネルヴァ書房、2011年

Lecture 13

Frankl, Viktor E., "EIN PSYCHOLOGE ERLEBT DAS KONZENTRATIONSLAGER", Kösel-Verlag, 1977　池田香代子（訳）『夜と霧』みすず書房、2002年

倉橋惣三『育ての心（上）』フレーベル館、2008年

宮﨑かづゑ『長い道』みすず書房、2012年

著者略歴

田宮 縁（たみや・ゆかり）

静岡大学教育学部幼稚園教員養成課程卒業後、一般企業に就職。静岡大学大学院へ進学し、教育学研究科学校教育専攻修了。教育学修士。静岡大学教育学部附属幼稚園に勤務。常葉学園大学教育学部講師、准教授を経て、現在、静岡大学教育学部教授。著書に『子どもの自己形成過程を重視した生活科の授業づくり』『社会科の教材開発と授業づくり』（ともに共著）、『体験する・調べる・考える　領域「環境」』などがある。うなぎと日本酒を愛する生粋の静岡県人。また、自宅近くの日本平動物園にいるホッキョクグマ「ロッシー」のファン。

協力
静岡市公立保育所
寺尾治代
堀住優花
静岡大学教育学部附属幼稚園

装幀　　　　　　　大路浩実
本文デザイン・DTP　株式会社明昌堂
イラスト　　　　　株式会社コットンズ

体験する・調べる・考える
領域　人間関係

2013年9月20日　初版第1刷発行
2017年4月1日　初版第3刷発行
2018年5月6日　第2版第1刷発行
2024年4月1日　第2版第5刷発行

著者　　田宮 縁
発行者　服部直人
発行所　株式会社萌文書林
　　　　〒113-0021　東京都文京区本駒込6-15-11
　　　　Tel.03-3943-0576　Fax.03-3943-0567
　　　　https://www.houbun.com/
　　　　info@houbun.com
印刷　　萩原印刷株式会社

乱丁・落丁本はお取り替えいたします。
定価はカバーに表示してあります。

© Yukari Tamiya 2018, Printed in Japan
ISBN978-4-89347-292-2